Ulrich Janßen Ulla Steuernagel
Die Kinder-Uni

Ulrich Janßen   Ulla Steuernagel

Die Kinder-Uni

Forscher erklären die Rätsel der Welt

Mit Illustrationen von
Klaus Ensikat

Deutsche Verlags-Anstalt
Stuttgart München

Ulrich Janßen,
geboren 1959, ist Redakteur des
Schwäbischen Tagblatts in Tübingen.

Ulla Steuernagel,
geboren 1954, ist Redakteurin des
Schwäbischen Tagblatts in Tübingen
und dort unter anderem für die
Jugendseite verantwortlich.

Klaus Ensikat,
geboren 1937, gilt als »ungekrönter
König der Buchillustratoren«.
Von 1995 bis 2002 unterrichtete er an
der Fachhochschule für
Gestaltung in Hamburg.

Inhalt

Die erste Kinder-Uni

Mit acht, neun Jahren im besten Unialter? So ein Quatsch. Wer zur Universität geht, hat doch mindestens zwölf oder dreizehn Jahre Schule hinter sich und mit dem Buchstabieren solcher Wörter wie »Bruttosozialprodukt« oder »Histopathologie« oder »Paläozoikum« keine Schwierigkeiten; weiß vielleicht sogar, was sie bedeuten.

Trotzdem war im Sommersemester 2002 die Tübinger Uni voller Kinder. Jeden Dienstag strömten sie in das wichtigste Gebäude, die Neue Aula. Zielstrebig rannten sie die breiten Treppen hoch, zückten ihre Studentenausweise, ihre Studienbücher, bekamen den Vorlesungsstempel und besetzten den größten Hörsaal bis auf den letzten Platz. Manchmal saßen auch zwei Kinder auf einem Klappsitz. Stehen mussten nur die Erwachsenen. Manche taten so, als wollten die Kinder, dass sie zum Händchenhalten dablieben. In Wirklichkeit waren eher die Erwachsenen froh, wenn sie ein Kind zum Einschmuggeln dabeihatten.

In der Kinder-Uni beantworteten echte Professoren Fragen, die sich Kinder stellen. Auch die Erwachsenen waren neugierig auf die Antworten. Denn oft genug waren sie ihren Kindern eben diese schuldig geblieben. Wer weiß schon auf die Schnelle und mitten im Alltagstrubel zu beantworten, warum Menschen sterben müssen. Wer kann schon so genau sagen, warum es Arme und Reiche gibt, die Vulkane so heiß oder die Dinos ausgestorben sind.

Wer, wenn nicht die Professoren? Und da es in

Tübingen sehr viele Professoren gibt und sehr viele Kinder mit sehr vielen Fragen, lag nichts näher als eine Kinder-Uni. Komischerweise dauerte es genau 525 Jahre, bis sie erfunden wurde. So lange gibt es die Tübinger Universität nämlich schon. Und so lange waren die vielen Fragen und Antworten, die hier zusammengetragen, entdeckt, erforscht, verworfen, wieder neu gestellt, gestrichen und vermehrt wurden, an den Kindern vorbeigegangen.

Deshalb war es sehr erfreulich, dass alle Professoren, die von uns Kinder-Uni-Initiatoren im Frühjahr 2002 gefragt wurden, ob sie eine Vorlesung vor Kindern halten würden, spontan zusagten. Der Enthusiasmus und die Tatkraft des Leiters der Presse- und Öffentlichkeitsabteilung der Universität, Michael Seifert, und die wohlwollende Unterstützung durch den Uni-Rektor, Professor Eberhard Schaich, wirkten da überzeugend mit.

Dennoch ist den Wissenschaftlern ihre Zusage hoch anzurechnen, da ihre Terminkalender schon professorenmäßig voll waren, da sie für ihre Vorlesungen kein Honorar (außer einer Aufziehente mit Doktorhut) bekamen und da sie überhaupt nicht wussten, wie der Versuch bei Kindern ankommen würde. Geschweige denn, wie alt ihre Zuhörer/innen sein würden, welches Vorwissen sie mitbrächten und welches Durchhaltevermögen. Die Professoren ließen sich auf das Experiment mit ungewissem Ausgang ein.

Schon die erste Kinder-Uni-Vorlesung stieß auf so lebhaftes Interesse, dass man beim nächsten Mal in einen der größten Hörsäle der Universität umzog. Und auch dieser Saal füllte sich. Vor einem solchen riesengroßen und unbekannten Wesen, wie dieses Publikum es war, machten selbst die routiniertesten Universitätslehrer eine ganz neue Erfahrung: Lampenfieber stellte sich bei ihnen ein. Die Professoren überlegten länger als sonst, wie sie ihr Wissen am besten vermitteln, wie sie es anschaulich darbieten können, ohne dabei die aufgetragene Warum-Frage aus den Augen zu verlieren. Das erforderte ganz andere Anstrengungen, als vor Fachstudenten und Fachleuten zu sprechen. Es stellte die Hochschullehrer manchmal auch vor ungeahnte Probleme.

So kam der Wirtschaftswissenschaftler Eberhard Schaich, bisher noch nie vor einer Vorlesung in die Verlegenheit, säckeweise Goldmünzen zusammentragen zu müssen. Der Professor durchkämmte mit Mitarbeitern und Ehefrau alle Süßwarenläden und einige Supermärkte der Stadt. Doch am Ende reichten die Münzen immer noch nicht für all die Kinder, die in seinen Vortrag zum Thema »Warum gibt es Arme und Reiche?« drängten. Nicht nur Eberhard Schaich, auch die anderen Professoren brachten etwas mit, was mit ihrem Thema zu tun hatte. Das konnten vulkanische Steine sein, ein Hühnchen-Gerippe im gläsernen Sarg oder ein paar Lachsäcke. Zu Beginn der Vorlesung war der geheime Gegenstand unter einem Tuch verborgen, die Kinder errieten das Verborgene jedoch so schnell, dass man meinen konnte, sie seien Hellseher oder hätten mindestens Röntgenaugen.

Alle acht Professoren zeigten großes Verständnis für die Kinder, die während des gesamten Vortrags Fragen stellen durften. Ganz neue

Blickwinkel und jede Menge Spezialprobleme taten sich so auf, etwa wenn ein Kind wissen wollte, ob Muslime außer auf Teppichen auch auf Zeitungen beten dürfen oder ob Schwangere im Ramadan vom Fasten ausgenommen sind. Die Kinder waren ebenfalls findig im Antworten-geben, und die Professoren zeigten viel kollegiale Hochachtung davor und lobten mitunter, dass es sich hier um eine »durchaus vertretbare Lehr-meinung« handle. Oft schossen die Arme der Kinder schon in die Luft, noch bevor die Vor-lesung begonnen hatte, und manchmal wurde es im Saal auch erheblich unruhiger, als es an der Uni sonst üblich ist. Die Professoren erwiesen sich als sehr offen, sie ließen jede Menge andere Experten neben sich gelten. Etwa wenn sie beim Quiz nach der Vorlesung im Wettstreit mit einem Kinderteam Fragen beantworten mussten. Zum Beispiel, von welchem Fußballclub die Toten Hosen abraten. Oder auf welchem Gleis Harry Potters Reise nach Hogwarts beginnt. Oder was eine Eiskugel kostet.

Die größte Überraschung der Kinder-Uni wa-ren und sind jedoch die Kinder selber: 900 Kin-der zwischen sieben und zwölf Jahren ließen an einem sehr heißen Tag das Freibad links liegen, um herauszufinden, warum man über Witze lacht. Ähnlich viele wollten ergründen, warum Schule doof ist. Manche kamen schon eine ganze Stunde vor Beginn der Vorlesung, weil sie einen guten Platz im Hörsaal ergattern wollten.

Die Kinder genossen es sichtlich, das ein-schüchternde Uni-Gebäude mit seinem hohen Säulenportal und den herrschaftlichen Innenräu-men für sich zu erobern. Tübinger Kinder kannten die Universität bis dahin vor allem vom Hörensagen, vom Vorbeilaufen oder -fahren oder davon, dass Mama und Papa täglich in einem ihrer großen Gebäude verschwinden. Jetzt genossen die Kinder es, mal selber zur Uni zu gehen – mit Studentenausweis, Studienbuch und einem frischen Kinder-Uni-Stempel für den Besuch jeder Vorlesung.

Die Kinder brachten überraschend viel Neugier für den gesamten Uni-Betrieb und seine akademischen Rituale mit. Dank Kinder-Uni-Ausweis konnten sie jederzeit in die Mensa essen gehen. Manchmal gibt es in dieser Kantine für Studierende ja sogar Würstchen und Pommes mit Ketchup. Das schönste Ergebnis der Kinder-Uni aber ist, dass die Kinder wieder einmal gezeigt haben, wie wissbegierig sie sind, wie sie auch ohne viel Unterhaltungsprogramm aufmerksam zuhören und wie erstaunlich geduldig sie sein können.

Geduld ist auch ein Vater der Kinder-Uni. Unsere Kinder-Uni-Professoren bewiesen viel Geduld – auch im Umgang mit uns Journalisten. Kaum hatten sie ihre Kinder-Uni-Antrittsvorlesung gehalten und sich von den Kindern Löcher in den Bauch fragen lassen, wurden sie noch mal gelöchert, diesmal von uns. Sie mussten sich Fragen über Fragen gefallen lassen.

Dann haben wir uns hingesetzt und aus den vielen Antworten, die wir bekamen, dieses Buch gemacht. Ein Buch ist gewiss keine Vorlesung, aber Bücher und Lesen gehören eben auch zur Universität wie die Professoren oder die Mensa und – seit dem Tübinger Sommersemester 2002 – die Kinder.

Warum sind die Dinosaurier ausgestorben?

Zu Beginn des Erdmittelalters sah die Erde anders aus als heute. Es gab nur ein einziges großes Meer und einen einzigen Kontinent, dem man den Namen Pangäa gegeben hat. Auf diesem riesigen, von Palmen und Farnen bewachsenen Kontinent tauchte vor etwa 230 Millionen Jahren ein neuer Typ von Lebewesen auf, ein Reptil, das sich auf zwei Beinen bewegte, das flink war und ziemlich klein. Dieses Reptil, das wir heute Dinosaurier nennen, entwickelte sich in den kommenden Jahrmillionen auf eine Weise, die uns bis heute erstaunt und fasziniert. Die Dinosaurier wurden größer als alle Tiere, die vorher oder nachher auf Erden lebten. Es gab sie mit und ohne Panzer, mit Stacheln, Hörnern und sogar Sonnensegeln. Es gab Dinosaurier, die auf zwei und welche, die auf vier Beinen liefen, Dinosaurier, die Pflanzen fraßen, die Fleisch fraßen, und Dinosaurier, die alles fraßen. Über 150 Millionen Jahre sollte dieses zähe, anpassungsfähige Reptil die Erde beherrschen. Es schien unzerstörbar.

Das Ende der Dinosaurier ist eines der großen Rätsel der Wissenschaft. Unzählige Dinoforscher haben jahrelang darüber nachgedacht, ohne es lösen zu können. Einige meinten, die Dinosaurier-Eier seien zu dick geworden. Die Dinoküken hätten sie nicht aufpicken können und seien in ihren Eiern verhungert. Andere meinten, die Eierschalen seien zu dünn geworden und hätten die Küken nicht mehr ausreichend geschützt. Doch keine dieser Theorien konnte das Ende der Dinos erklären. Die Dinosaurier waren die größten und stärksten Tiere. Warum sollten sie aussterben?

Wie entwickelten sich die Lebewesen im Verlauf der Erdgeschichte? Das erforschen an der Universität die Paläontologen. Professor Volker Mosbrugger, der uns bei diesem Beitrag wissenschaftlich beraten hat, ist Paläontologe in Tübingen.

Ein Brachiosaurus wurde groß wie ein Kirchturm und wog so viel wie 20 erwachsene Elefanten. Ein Supersaurus erreichte die Länge eines Freibads, und wenn er sich bewegte, bebte die Erde. Was sollte ihn erschüttern? Der Tyrannosaurus Rex war eine Bestie mit einem Kopf so groß wie ein Kalb und dolchartigen, spitzen Zähnen. Jeder einzelne Zahn war lang wie ein Brotmesser. Er

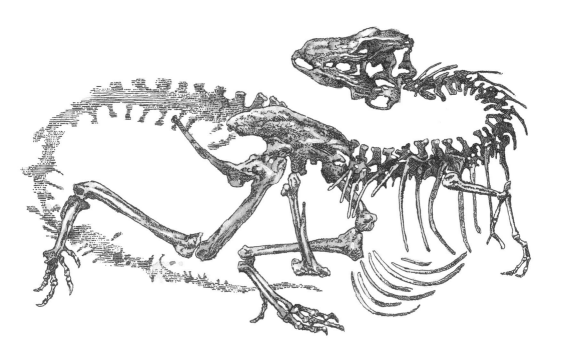

Gorgosaurus in Fundlage
(Größe ca. 9 Meter)

besaß ungeheuer starke Muskeln und konnte schneller laufen als ein Goldmedaillengewinner im Hundertmeterlauf. Kein heutiges Tier, kein Tiger, kein Löwe, kein Elefant hätte gegen ihn auch nur den Hauch einer Chance gehabt. Was sollte ihn besiegen?

Und doch starben die Dinosaurier aus. Irgendwann in der späten Kreidezeit, viele Millionen Jahre, bevor die ersten Menschen auf der Erde auftauchten, wurden sie weniger, und vor ungefähr 65 Millionen Jahren verschwanden sie ganz. Viele Abenteurer und Wissenschaftler haben

ARTENSTERBEN

Auf der Erde gab es immer wieder Perioden, in denen viele Arten gestorben sind. Für die jüngste dieser Perioden ist der Mensch verantwortlich, der in den vergangenen hundert Jahren schon zahlreiche Pflanzen- und Tierarten ausgerottet hat. Menschen gehen auf die Jagd, sie handeln mit seltenen Tieren oder Pflanzen und zerstören ihre Lebensräume. In jeder Stunde sterben zur Zeit drei Pflanzen- oder Tierarten auf der Erde aus, pro Monat sind es über 2000 Arten, die unwiederbringlich untergehen.

gesucht und gesucht. Im vorigen Jahrhundert unternahmen sie Expeditionen in den Dschungel und in die abgelegensten Gegenden, um zu sehen, ob dort vielleicht ein paar überlebt hatten. Sie fanden nicht einen. Auf der ganzen Welt gruben sie Skelette aus, Hunderte wurden gefunden. Aber nicht eines ist wesentlich jünger als 65 Millionen Jahre.

Ausgerechnet diese Überlebenskünstler, die so unvorstellbar lange die Erde bevölkert hatten, überlebten nicht. Sie mussten einem anderen Typ von Lebewesen Platz machen, einem Typ, der sich bis dahin vor den Sauriern versteckt, sich ins Gebüsch geschlagen hatte, wenn die Riesen unterwegs waren. Es waren kleine Tiere, nicht größer als Katzen, die zu den großen Gewinnern des Dinosterbens wurden. Sie sahen damals vermutlich aus wie Spitzmäuse oder Eichhörnchen und hatten ein Fell. Ihre Jungen kamen nicht in einem Ei zur Welt wie die Saurierjungen, sondern lebend, und ihre erste Nahrung saugten sie einfach aus der Mutter heraus. Es waren die Säugetiere, eine Klasse von Tieren, zu der auch die Menschen gehören.

Warum setzten sich diese kleinen, empfindlichen Lebewesen auf der Erde durch, während so starke Tiere wie die Dinosaurier ausstarben? Um dies zu verstehen, müssen wir uns als Erstes daran erinnern, dass es ganz normal und sogar sehr praktisch ist, dass Arten aussterben. Wer sich ein wenig in der Evolution auskennt, weiß, dass die Tierarten, die wir heute kennen, nicht schon immer auf der Welt waren, sondern allmählich entstanden sind, und dass sie auch wieder verschwinden können. Die Mammuts zum

Beispiel traf es vor rund zehntausend Jahren, sie sind eine von unzähligen Tierarten, die irgendwann von der Erdoberfläche verschwanden.

Manche Arten sterben schon ein paar Millionen Jahre nach ihrer Entstehung wieder aus, andere halten sich einige hundert Millionen Jahre.

Insgesamt aber bleibt die Anzahl der Arten auf der Erde immer ziemlich gleich, woraus man sehen kann, dass die Tierarten Platz füreinander machen wie die Gäste auf einer guten Party. Die besten Partys sind die, auf denen etwas passiert, und nicht die, bei denen immer die gleichen Leute auf immer dem gleichen Sofa sitzen und Chips essen. Genauso ist es auch im Leben. Dass die Dinos sich irgendwann von der großen Party des Lebens verabschiedet haben, war für andere Tiere ein großes Glück. Endlich war Platz auf der Tanzfläche.

Was empfahlen die Berufsberater auf Pangäa?

Die ersten Lebewesen entwickelten sich im Urmeer, das vor drei Milliarden Jahren wahrscheinlich die gesamte Erde bedeckte. Es waren winzig kleine Bakterien, grüne Algen und Pilze, aus denen sich im Laufe vieler Millionen Jahre kleine Fische entwickelten. Im Erdmittelalter, als die Dinosaurier aufkreuzten, war das Meer noch immer die mit Abstand beliebteste Wohngegend auf der Erde, in der sich die unterschiedlichsten und aufregendsten Fische tummelten. Manche waren groß wie ein Lastwagen, andere hatten Stacheln an den Flossen oder trugen dicke

HAIE ALS LEBENDE FOSSILIEN

Schon vor 400 Millionen Jahren schwammen Haie durch die Weltmeere. Die Haie gelten damit wie die Quastenflosser als lebende Fossilien. Allerdings haben nur die wenigsten der heute lebenden Arten eine so lange Geschichte. Die höher entwickelten Arten wie etwa den Tigerhai gibt es erst seit gut 50 Millionen Jahren.

Panzer. Und es schwammen bereits Haie durch den Ozean.

Auch auf dem Land hatten sich im Erdmittelalter schon eine Menge Arten durchgesetzt. Das Land war damals anders verteilt als heute. Statt der fünf Kontinente gab es nur einen einzigen, von Meer umgebenen Riesenkontinent, dem die Wissenschaftler den Namen Pangäa gegeben haben. Pangäa bröckelte schon an einigen Stellen und begann sich in zwei neue Kontinente, Laurasia im Norden und Gondwana im Süden, zu teilen. Im Kapitel über die Vulkane kann man lesen, wie so etwas abläuft.

Die meisten Tiere, die auf Pangäa lebten, gibt es heute nicht mehr, allerdings kennen wir noch viele ihrer Nachkommen. Über den Boden krochen die ersten Käfer und Wanzen, es gab Tausendfüßler, die zwei Meter lang wurden, und Libellen mit Flügeln, die so groß waren wie die eines Adlers. Eines der wenigen Tiere, die damals schon ziemlich genauso aussahen wie heute, war ein Ungeziefer: die Schabe oder Kakerlake. Wer einmal in seiner Wohnung mit Schaben zu tun hatte, wundert sich darüber nicht. Schaben zählen zu den erfolgreichsten Arten aller Zeiten, sie haben sich über 300 Millionen Jahre behauptet.

Dass die Kakerlaken zu den großen Gewinnern der Evolution werden würden, war zu Beginn des Erdmittelalters, der Zeit der Dinos, nicht absehbar. Hätte es damals eine Berufsberatung für Lebewesen gegeben, dann hätten die Berater allen Tieren vermutlich die Umschulung zum Reptil empfohlen. Den Reptilien stand eine glänzende Zukunft bevor. In vielen Millionen Jahren hatten sie sich aus den Lurchen entwickelt, die

noch amphibisch lebten, also im Wasser und auf dem Land wohnten. Die Reptilien waren die ersten Wirbeltiere, die nicht mehr ins Wasser mussten. Sie hatten stabile Knochengerüste und

legten ihre Eier an Land ab. Die ersten von ihnen waren noch ziemlich klein, sie ernährten sich von Insekten und lebten in alten Baumstümpfen, doch bald schon wurden sie größer.

Wer sich heute ein Krokodil ansieht, der findet eine Menge Ähnlichkeiten mit Sauriern. Die große Schnauze mit der starken Kiefermuskulatur, die spitzen Zähne, der mächtige Schwanz. Dennoch sind die Krokodile nicht die Nachkommen der Saurier, sondern sie entstanden ungefähr zur gleichen Zeit aus der gleichen Gruppe. Archosaurier haben die Wissenschaftler diese Reptiliengruppe genannt. Die Archosaurier waren gewissermaßen die Pioniere für die Dinos, sie testeten das Leben an Land. Dass es unter

*Links ein Styracosaurus
rechts ein Triceratops Prorsus,
der 8 Meter lang wurde*

den Reptilien auch ein paar Abtrünnige gab, die frühen Säugetiere, die sich in eine ganz andere Richtung entwickelten als ihre Kollegen, interessierte damals niemanden.

Wer fand die ersten Dinosaurier?

Alles, was wir über die Saurier und speziell die Dinos wissen, verdanken wir den vielen Knochen, die Wissenschaftler oder Hobbysammler in den vergangenen 200 Jahren in aller Welt ausgegraben haben. Die ersten Dinoreste, ein Stück Schenkelknochen und ein paar Zähne, fand die Frau eines Arztes, Mary Ann Mantell, im Jahr 1822 in Südengland. Der Fund faszinierte viele Menschen. Ein Oxford-Professor, Sir Richard Owen, schaute sich die Zähne sehr genau an und kam zum Schluss, dass sie zu einem Wesen gehört haben mussten, das halb so groß war wie ein Fußballplatz. »Dinosaurier«, Schreckensechse, nannte er das unheimliche Tier, dem er seine zukünftige Arbeit widmete. Die englische Königin Victoria ließ für die Weltausstellung 1851 eine Nachbildung des monströsen Wesens anfertigen. Und auf der ganzen Welt machten sich Dino-Begeisterte auf die Jagd nach weiteren Knochen. Selbst Buffalo Bill half dabei.

Auch wenn wir uns angewöhnt haben, von Dinosaurierknochen zu sprechen, sind es genau genommen gar keine Knochen, die von den Fossilsuchern aus der Erde geholt werden, sondern Steine. Warum werden Knochen zu Steinen? Dazu stellen wir uns am besten den Dinosaurier vor, dessen Zähne in Südengland gefunden wurden. Möglicherweise war er von einem Raubsaurier angegriffen und gebissen worden, er blutete und zog sich humpelnd an eine Wasserstelle zurück, wo er starb.

Schädel eines
Tyrannosaurus Rex

Gestorbene Tiere werden normalerweise schnell gefressen: zuerst von großen Raubtieren, die sich die besten Stücke aus dem Fleisch reißen, danach von Würmern und Bakterien, die sich über die Reste hermachen. Alles, was am Körper weich ist, die Haut, die Organe, das Gehirn, verschwindet auf diese Weise. Für uns ist das keine schöne Vorstellung, doch für die Natur ist es praktisch. Es verkommt nichts, alles wird wieder genutzt.

Auch Knochen und Zähne verrotten irgendwann in der Sonne. Allerdings sind sie härter und haltbarer, die Bakterien brauchen mehr Zeit für ihre Mahlzeit. Das Skelett des toten Dinos aus Südengland ist aber nicht in der Sonne verrottet. Nachdem sich die großen und kleinen Räuber bedient hatten, rutschte es wahrscheinlich in einen Fluss oder wurde von einer Überschwemmung weggespült. Ein paar der Knochen, der Kiefer mit Zähnen und das Stück Schenkel, wurden von Schlamm bedeckt. Unter der Schlammschicht konnten die Bakterien die Knochen nicht verdauen, so blieben sie erhalten. Allmählich drang Wasser durch winzige Poren in die Knochen ein und füllte sie mit Mineralien auf; dadurch wurden sie im Lauf von Millionen Jahren zu Steinen, oder wie die Wissenschaftler sagen: zu Fossilien. Über den steinernen Knochen lagerten sich neue Schlammschichten ab, irgendwann trocknete der Fluss aus, die Knochen wurden unter Sandbergen begraben.

Dass die englische Arztfrau Mary Ann Mantell den Dino fand, ist wahrscheinlich dem Wind zu verdanken, der den Sand mit der Zeit wieder abgetragen hatte. Manchmal ist es auch der Druck aus dem Erdinneren, der ein paar Erdschichten mit abgelagerten Fossilien wieder nach oben schiebt, oder ein Fluss, der den Sand wegspült. Oder eine Stadt baut eine U-Bahn tief in der Erde, und die Bauarbeiter finden ein paar Überreste. Oder ein paar Ausgräber stöbern an einer Stelle, wo in Urzeiten vielleicht eine Fluss-

FUNDE IN DER GRUBE

In der Grube Messel bei Frankfurt hat man besonders viele Fossilien gefunden, unter anderem Skelette von Urpferdchen, Tapiren, Ameisenbären und Fledermäusen. Die Grube, in der früher Ölschiefer abgebaut wurde, war vor 50 Millionen Jahren ein vulkanisch entstandener See. Im sauerstoffarmen Schlick auf seinem Grund blieben Kadaver besonders gut erhalten. Messel sollte nach dem Ende des Tagebaus eigentlich eine Mülldeponie werden. Nach zahlreichen Protesten änderte die Landesregierung ihren Plan. 1996 erklärte die UNESCO Messel zum Weltnaturerbe.

enge war. In Flussengen stapelten sich nämlich die Skelette.

Es ist auf jeden Fall gar nicht so selten, dass Fossilien gefunden werden. Manchmal sind es ganze Dinos, meistens nur versteinerte Muscheln oder Ammoniten. Ammoniten sind ausgestorbene Meeresbewohner mit einem spiralförmigen Panzer. Die Forscher wissen inzwischen ziemlich genau, wo sie suchen müssen, um Fossilien zu finden. Viele Wissenschaftler und Millionen von Amateuren haben auf der Erde schon gegraben, deshalb gibt es heute nicht mehr viele weiße Flecken.

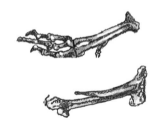

Was kann man von Cola-Dosen lernen?

Versteinerte Knochen sind für die Wissenschaftler wie eine Flaschenpost aus der Vergangenheit, eine Botschaft, die sie mit vielen Tricks entziffern müssen. Dinoknochen wurden auf der ganzen Welt gefunden, in Amerika, Asien, Australien. Die Kontinente, wir sagten es schon, waren zur Zeit der Dinos noch miteinander verbunden. Das älteste Reptil, das der Familie der Dinosaurier zugeordnet wird, lag in Madagaskar, es wird auf 230 Millionen Jahre geschätzt. Um diese Zeit begannen die Dinosaurier ihre Karriere.

Woher wissen die Wissenschaftler so genau, wie alt die Überreste von Tieren sind? Eigentlich ist das gar nicht so schwer. Wie in einem Haushalt fällt auch auf der Erde immer Abfall an: Sandstaub, Lava, Pflanzenreste, Tierskelette. Und so wie der Haushaltsmüll auf die

Mülldeponie wandert, fällt der Erdmüll auf den Boden und bildet dort eine Schicht, die stets von neuen Schichten bedeckt wird. Die ältesten Abfallschichten liegen ganz unten und sind am stärksten verrottet, die jüngeren liegen oben. Die Schichten, in denen Dino-Reste gefunden wurden, heißen Trias, Jura und Kreide. Weil in der Jura-Schicht besonders viele aufregende Saurier lagen, hat Steven Spielberg seinen Film Jurassic Park genannt.

Jede Schicht auf der Erde ist typisch für eine bestimmte Zeit. So würden zukünftige Forscher, wenn sie in hunderttausend Jahren im heutigen Amerika eine Ausgrabung machen, irgendwann auf eine Schicht mit ziemlich vielen Cola-Dosen und CDs stoßen. Wenn sie dann noch einen Dollar finden mit einem Datum drauf, wissen sie: Immer wenn wir irgendwo auf der Welt Cola-Dosen ausgraben, werden sie ungefähr aus dem 20. Jahrhundert stammen. Die Wissenschaftler müssen also nur einmal das Alter einer Schicht genau bestimmen, dann können sie es auf die ganze Welt übertragen. Zusätzlich messen die Forscher noch Überreste, die beim radioaktiven Zerfall von Stoffen entstehen. Weil sie wissen, wie lange ein Stoff braucht, bis er völlig zerfallen ist, können sie errechnen, wann der Zerfallsprozess eingesetzt haben muss.

Die Erdschichten verraten eine ganze Menge, wenn man sie untersucht wie ein Detektiv. Die Wissenschaftler erforschen die Überreste von Pflanzen und Tieren und können auf diese Weise herausfinden, wie die Umwelt damals aussah, wie warm es war, ob es viel regnete, ob Sommer und Winter sehr unterschiedlich ausfielen. Zum

Teil können sie bis auf den Tag genau sagen, wie das Wetter vor vielen Millionen Jahren war. Bei ihren Untersuchungen hilft den Forschern, dass alle Tiere und Pflanzen so perfekt in ihre Umwelt passen wie ein Schlüssel in ein Schloss.

Finden sich beispielsweise in einer urzeitlichen Schicht Überreste von Korallen, kann man daraus schließen, dass in dieser Zeit das Wasser ziemlich warm gewesen sein muss. Korallen können nämlich nur in warmem Wasser überleben. Weitere Informationen bekommen die Wissenschaftler, wenn sie die Steine und Mineralien aus den verschiedenen Schichten analysieren. Steine sind genau wie die Organismen Zeugen für vergangene Zeiten. Sie sind mit der Luft und dem Wasser in ihrer Zeit ganz unterschiedliche Verbindungen eingegangen.

Paläontologen nennt man die Urzeit-Forscher. Paläontologen wissen zum Beispiel, dass es in früheren Zeiten Phasen gab, in denen sehr viel mehr Kohlendioxid in der Luft war als heute. Kohlendioxid ist ein Gas, das beim Verbrennen entsteht und Umweltschützern große Sorgen macht. Sie befürchten, dass die Erde wegen des Kohlendioxidausstoßes von Autos oder Kraftwerken zu warm werden könnte. Aber die Sache ist nicht ganz so einfach. Auch in der Kreidezeit enthielt die Luft viel mehr Kohlendioxid als heute. Für die Dinos war das sehr vorteilhaft. Weil Pflanzen zum Wachsen Kohlendioxid brauchen, sind Farne, Nadelbäume oder Zykaden riesengroß geworden. Und die Dinos mit ihnen.

Warum wurden die Saurier so dick?

**WARMBLÜTER
BRAUCHEN VIEL ENERGIE**

Ob ein Tier seine Körpertemperatur stabil hält (also ein Warmblüter ist) oder einfach die Außentemperatur übernimmt (wie die Kaltblüter), zeigt sich unter anderem am Knochenbau im Mund- und Rachenraum. Warmblüter wie die Säugetiere brauchen viel Energie, sie müssen ihre Nahrung gut auswerten, müssen sie kauen, einspeicheln und zerlegen. Entsprechend aufwändig sind ihre Mundwerkzeuge gebaut.

Die frühesten Saurier waren verhältnismäßig klein, ungefähr so groß wie Braunbären. Im Unterschied zu ihren Vorgängern, den trägen Lurchen, konnten sie trotz eines dicken, mit Stacheln geschützten Panzers schon ziemlich schnell laufen, was auch daran lag, dass ihre Beine nicht mehr an der Seite, sondern unter dem Körper saßen (ein Merkmal aller Dinosaurier). Sie liefen auf ihren Hinterbeinen und ernährten sich hauptsächlich von Fleisch, von Reptilien, Lurchen oder den leckeren Säugetieren.

Als die Saurier auftauchten, wollten es sich die frühen Säuger eigentlich gerade gemütlich machen. Dank ihres Fells und ihrer Fähigkeit, aus eigener Kraft eine feste Körpertemperatur zu halten, passten sie gut in diese eher kühle Zeit, in der Eiszeiten mit wärmeren Perioden wechselten. Nun aber, im Erdmittelalter, wurde es zu ihrem Pech wärmer. Weil der Riesenkontinent Pangäa allmählich aufbrach, strömten die warmen Ozeane ins Land hinein. Die Eiskappen an den Polen schmolzen, es regnete mehr, und die Temperaturen stiegen. Im Schnitt lagen sie etwa sechs Grad höher als heute.

Das gefiel den Reptilien. Reptilien brauchen Wärme von außen, damit sie auf Touren kommen. Ohne Wärme liegen sie nur träge herum. Weil sie viel Energie über die Sonne beziehen, müssen sie nicht so viel fressen wie ein Säugetier. Die Säugetiere brauchen ständig Energie, weil sie in ihrem Innern eine Art Ofen füttern müssen, um die Temperatur zu halten. Natürlich war das nicht der einzige Grund, warum die Säugetiere im Erdmittelalter die schönsten Plätze an die Reptilien abtreten mussten. Aber es war einer der Gründe.

Unter den Reptilien profitierten vor allem die Saurier von der Wärme. Während die trägen vierbeinigen Schildkröten, Eidechsen und Krokodile sich nicht besonders vermehrten, breiteten sich die flotten zweibeinigen Saurier schnell aus. Zunächst jedenfalls, denn auch in der Saurierentwicklung gab es ein ständiges Auf und Ab. So sind die frühen fleischfressenden Saurier fast alle wieder ausgestorben, weil sie irgendwann nicht mehr genug Nahrung fanden oder sich gegenseitig auffraßen. Ein paar allerdings probierten es mit Grünfutter und überlebten.

Es wird ein paar hunderttausend Jahre und viele Blähungen gebraucht haben, bis die Fleischfresser sich komplett aufs Vegetarierleben umgestellt hatten. Sie bekamen dickere Zähne, um die vielen Blätter kauen zu können. Damit die Futtermassen im Magen zerkleinert werden konnten, lernten sie, immer ein paar Steine mit zu fressen.

Und ihre Hälse wuchsen in die Länge, bis auch die Blätter ganz oben an den Bäumen erreichbar waren. In der Jurazeit stiegen auf der ganzen Erde die Temperaturen, die Landschaften wurden grüner, die Saurier fetter.

Einer der Ersten unter den Giganten war der Plateosaurus. Mit acht Metern Länge würde er heute zu den größten Tieren der Welt zählen, unter den Sauriern war er jedoch nicht besonders auffällig. Der Plateosaurus bewegte sich im Gegensatz zu den frühen, hauptsächlich von Fleisch lebenden Sauriern schon auf vier Beinen, seine Hinterbeine sind allerdings noch deutlich stärker ausgeprägt als die Vorderbeine.

Bei den späteren Giganten sind zwischen Hinter- und Vorderbeinen andere Unterschiede festzustellen. Der Brachiosaurus hat deutlich längere Vorder- als Hinterbeine. So konnte das schwere Tier auf seinen vier Beinen stehen und trotzdem mit dem langen Hals an die höchsten Blätter gelangen. Der halb so schwere Diplodocus hatte eine andere Strategie, um in die Baumkronen vorzustoßen. Er konnte sich auf die Hinterbeine stellen und aufrichten, wenn er sich mit seinem langen Schwanz abstützte.

Brontosaurus

Haben sich die Saurier zum Schlafen hingelegt?

Die neuen gigantischen Arten, die Bronto- und Brachio- und Ultrasaurier, lebten auf der ganzen Erde. Wie Giraffen knabberten sie mit ihren langen Hälsen und den kleinen Köpfen an den Blättern in den Baumkronen. Eine halbe Tonne Grünfutter verzehrten sie lässig an einem Tag, und man stellt sich lieber nicht vor, welche Kotmengen sie dabei hinterließen. Man hat ausgerechnet, dass sie 20 Stunden am Tag fressen mussten, um ihren Hunger zu stillen. Wenn es ihnen zu heiß wurde, gingen sie baden, manchmal dösten sie in der Sonne. Über das Verhalten der Saurier kann man in Büchern oder Internetseiten viel lesen. Das meiste davon ist allerdings Spekulation. So wissen wir nicht, ob sich die Saurier im Wasser paarten (wie die Krokodile) oder an Land. Wir wissen nicht einmal, wie sie geschlafen haben, ob im Stehen oder im Liegen. Wahrscheinlich haben sie überhaupt nicht richtig geschlafen, sondern im Stehen vor sich hingedöst.

Weil die Wissenschaftler Fußspuren von Sauriern gefunden haben, die sehr nahe beieinander lagen, vermuten sie, dass die großen Saurier Herden bildeten wie Elefanten und ähnlich friedlich durch die Natur zogen. Möglicherweise sind sogar verschiedene Arten gemeinsam gewandert. So klug wie Elefanten waren die Riesen wegen ihres kleinen Hirns wohl nicht, aber auch nicht so dumm, wie man lange Zeit dachte. In Herden zu leben erfordert nämlich eine gewisse Intelligenz. Wahrscheinlich lief bei den Pflanzenfres-

ARTENVIELFALT

Die Dinosaurier waren bei der Entwicklung neuer Arten unglaublich fleißig. Es gibt viele hundert Arten, die man in 350 Gattungen und zwei Ordnungen sortieren kann. Die beiden Ordnungen heißen Saurischia und Ornithischia und unterscheiden sich hauptsächlich in der Konstruktion ihrer Beckenknochen voneinander. Die ersten haben ein echsenähnliches, die zweiten ein vogelähnliches Becken. Obwohl die Saurier so unterschiedlich waren, gehörten sie doch alle zum gleichen Bautyp.

sern der Nachwuchs in der Mitte der Gruppe, geschützt von den mächtigen Eltern.

BRUTPFLEGE

1993 wurde in der Mongolei ein Oviraptus-Saurier entdeckt, der mit ausgebreiteten Armen über einem Nest von 22 Eiern hockte. In anderen Sauriernestern fanden die Wissenschaftler viele Eischalensplitter auf dem Boden. Die Forscher schließen daraus, dass junge Saurier nach dem Schlüpfen in ihren Nestern hocken blieben, von den Eltern versorgt wurden und in dieser Zeit die Eierschalen zertrampelten.

Tyrannosaurus Rex

Ausgegraben haben die Forscher auch eine Menge Sauriereier. Die Eier von Sauriern sind groß wie Fußbälle und ziemlich stabil. Die kleinen Saurier mussten ganz schön picken, um durch die Schale zu kommen. Weil viele Sauriereier in Nestern beisammenlagen, vermuten die Dinoforscher, dass die Saurier ihre Eier ausgebrütet haben wie Vögel. Und dass sie sich um ihre Kinder auch so fleißig und geduldig gekümmert haben wie Vögel. Auch das spricht dafür, dass die Saurier relativ intelligente Tiere waren.

Je größer die pflanzenfressenden Saurier wurden, desto interessanter wurden sie für andere Tiere. Und so entstand allmählich eine neue Gruppe von Dinos, eine Gruppe, die wieder Fleisch fraß und gefährlicher war als alle Dinos zuvor. Diese Fleischfresser machten Jagd auf die Pflanzenfresser. Der Tyrannosaurus Rex war der größte und faszinierendste unter den Jägern. Besonders viel weiß man nicht über ihn. Er lebte vermutlich auf der ganzen Welt, war groß wie ein einstöckiges Haus und wog so viel wie ein Elefant. Er besaß einen riesigen Schädel und ein kleines Hirn. Für seine Vorderbeine hatte er offenbar wenig Verwendung, sie sind klein und kümmerlich ausgefallen. Ganz anders seine Zähne: Sie sind gebogen wie Dolche und mit feinen Sägezähnen versehen, jeder einzelne könnte ein Kaninchen aufspießen.

Saurier gab es nicht nur an Land, sondern auch im Meer und sogar in der Luft. Im Meer schwammen die schnittigen Ichthyosaurier, die aussahen wie riesige Delphine. Und durch die Luft flogen die mächtigen Pterosaurier, die Häute hatten wie Fledermäuse. Wie die Echsen das Fliegen gelernt haben, kann man wiederum nur vermuten. Wahrscheinlich sind die ersten mutigen Tiere auf Bäume oder Felsen geklettert und gesprungen wie Eichhörnchen. Diejenigen, die am leichtesten waren oder schon ein paar Häute an Beinen und Rumpf hatten, kamen

RICHTIGER UMGANG
MIT DINOS

Hätte ein Mensch gegen einen Tyrannosaurus Rex eine Chance? Das ist eine Frage, die zum Glück nur in Filmen eine Rolle spielt. Vermutlich sind die räuberischen Dinosaurier aber wie alle Jäger auf schnelle Bewegungen ihres Opfers fixiert. Man sollte sich also, wenn man plötzlich einem Dinosaurier gegenübersteht, genauso verhalten wie gegenüber einem Krokodil oder einem bissigen Hund: Stehen bleiben und ganz langsam rückwärts gehen.

lebendig auf dem Boden an und vererbten ihr Können weiter. Für die anderen war die Sache gelaufen.

Welche Überlebensstrategie ist für Tiere am besten?

Entscheidend für das Überleben in der Natur ist, ob Tiere in ihrer Umwelt einen guten Platz finden. »Nischen« nennen die Wissenschaftler die Lebensräume, in denen sich die Tierarten behaupten müssen. Eine gute Nische muss ein paar Bedingungen erfüllen: Es muss genug zu essen geben; das Klima muss stimmen; und die Fressfeinde dürfen nicht zu gefährlich sein. An den pflanzenfressenden Dinos kann man sehen, wie man eine gute Nische findet und verteidigt. Als die Beutetiere weniger wurden, probierten die Dinos eine riesige neue Nahrungsquelle aus, die Pflanzen und Bäume, denen sie regelrecht hinterherwuchsen. Dann entwickelten sie, als die Räuber auftauchten, auch noch eine Strategie, sich gegen die Feinde zu wehren. Sie taten sich zusammen. In der Herde hielt ein Tier Ausschau und warnte die anderen, wenn ein Jäger sich näherte. Gemeinsam wehrten die Kolosse dann mit ihren mächtigen Schwänzen den Räuber ab.

Andere Tiere haben andere Strategien, um ihren Feinden zu entkommen. Manche können sich gut verstecken, andere verändern ihre Farbe wie die Chamäleons oder legen sich stachlige Panzer zu wie die Stegosaurier. Wieder andere können einfach gut weglaufen wie die Hasen.

Auch die Jäger haben natürlich ihre Strategien. Manche liegen auf der Lauer und fallen plötzlich über ihre Opfer her, andere jagen sie so lange, bis sie aufgeben. Aber es gibt in der Natur nur eine bestimmte Menge von Strategien, und jede Tierart muss die richtige finden. Eine Strategie, die sich für alle eignen würde, gibt es nicht. Die Natur funktioniert, weil sich die verschiedenen Strategien ergänzen. Die Jäger brauchen Beutetiere, sonst müssten sie verhungern. Und die Beutetiere brauchen Jäger, damit sie sich nicht zu sehr vermehren.

Eine ideale Überlebensstrategie gibt es also nicht. Wenn man sich anschaut, welche Tierarten besonders lange überleben, kann man allerdings ein paar Trends feststellen. So setzen sich in der Tierwelt eher die Generalisten durch, die Alleskönner, die sich gut anpassen und beim Fressen nicht sehr wählerisch sind. Ein Vorteil fürs Überleben ist es auch, sich auf der Erde ein ruhiges Eckchen zu suchen, in dem sich die Umweltbedingungen nicht besonders oft ändern. In der Tiefsee zum Beispiel lebt bis heute ein Fisch, den es schon seit 400 Millionen Jahren gibt, der Quastenflosser. Und noch einen Trend gibt es: die Größe. Praktisch alle Arten wachsen im Lauf der Zeit. So war es bei den Dinos, so war es auch bei Bären oder Pferden oder Menschen. Allzu groß dürfen die Tiere aber nicht werden. Sonst werden sie unbeweglich, können sich nicht mehr verstecken und finden nicht genug Futter, um ihren mitwachsenden Hunger zu stillen.

> **QUASTENFLOSSER**
>
> Als im Jahre 1938 vor der südafrikanischen Küste der erste Quastenflosser gefangen wurde, staunte die Fachwelt. Bis dahin dachte man nämlich, der zwei Zentner schwere Fisch sei mit den Dinos ausgestorben. Tatsächlich aber leben Quastenflosser bis heute in den Tiefen der Meere. Die dunkelbraunen, leicht gefleckten Fische schwimmen normalerweise träge durch die See und kommen mit wenig Nahrung aus. Nur wenn Beute winkt, legen sie einen kurzen Spurt ein.

Neue Tierarten entstehen immer an einem abgeschlossenen Ort, einer Insel oder einem von Bergen umgebenen Tal. So ein Ort ist für die Natur wie ein Versuchslabor. Wenn ein Lebewesen zufälligerweise mit einem neuen Einfall der Natur auf die Welt kommt, zwei besonders langen Ohren beispielsweise oder einem extrem abschreckenden Mundgeruch, kann es dieses Merkmal an seine Kinder vererben. In einer großen, weit zerstreuten Gruppe würde sich das Merkmal bald verlieren. In einer kleinen, abgeschlossenen Gruppe aber, in der sich die Tiere öfter sehen, paaren sie sich auch öfter. So wird der Einfall der Natur, wenn er etwas taugt, schnell von allen übernommen und verbessert. Das Ganze funktioniert nach dem Prinzip »Versuch und Irrtum«: Ist der Mundgeruch zu extrem, schreckt er möglicherweise nicht nur Feinde ab, sondern auch den gewünschten Liebespartner.

METEORITENEINSCHLAG

Die Folgen eines Meteoriteneinschlags kann man berechnen und weiß daher, dass der Aufprall in Mexiko eine ungeheure Katastrophe ausgelöst haben muss. Weil der Meteorit beim Fall auf die Erde ein Loch in die Atmosphäre riss, stiegen Gase und heißer Staub in einem riesigen Feuerball nach oben in Richtung des Weltalls. Auf der Erde verbrannte der Feuerball in einem Umkreis von 3000 Kilometern alles Leben. Kolossale Staubwolken breiteten sich pilzförmig aus und verfinsterten wahrscheinlich monatelang die Erde. Zahllose Pflanzen sind verdorrt, Tiere verhungert. Fast alle Katastrophen, vor denen wir heute Angst haben, gab es damals zur gleichen Zeit: Waldbrände, saurer Regen, die Zerstörung der Ozonschicht. Im Meer sind vermutlich große Mengen Plankton eingegangen, die nicht nur als Nahrung für Fische dienten, sondern auch Sauerstoff produzierten.

Was hat ein Krater in Mexiko mit dem Ende der Dinos zu tun?

Wie eng die Saurier trotz aller Vielfalt miteinander verwandt waren, zeigte sich vor 65 Millionen Jahren, als alle Saurier das gleiche Schicksal erlitten. Alle bis auf eine kleine Ausnahme. Vor 65 Millionen Jahren endete die Zeit der Dinos. Weil sich damals überhaupt sehr viel auf der Erde änderte, haben die Wissenschaftler beschlossen, mit dem Ende der Dinos auch ein neues Zeitalter auszurufen: die Erdneuzeit.

DIE THEORIE VON LUIS ALVAREZ

Der amerikanische Physik-Nobel-preisträger Luis Alvarez erkannte als Erster, dass der Untergang der Saurier mit dem Einschlag eines gewaltigen Meteoriten zu tun haben könnte. Seine These veröffentlichte er 1980 gemeinsam mit seinem Sohn Walter in der Zeitschrift »Science«, zuvor hatte er bei der italienischen Stadt Gubbio in einer Kreideschicht ungewöhnlich hohe Konzentrationen des Elements Iridium nachgewiesen. Inzwischen konnte die iridiumhaltige Schicht an vielen anderen Stellen auf der Erde nachgewiesen werden, unter anderem in der Tiefsee.

Die Erdneuzeit begann nicht an einem einzigen Tag, genauso wie die Dinos auch nicht an einem Tag verschwanden oder in einem Jahr. Es hat mindestens eine Million Jahre gebraucht, bis die riesigen Echsen ausgestorben waren. Aber irgendwann waren sie weg. Pflanzenfresser und Jäger, Flugsaurier, sogar die Ichthyosaurier im Meer.

Man weiß immer noch nicht so ganz genau, warum die Saurier ausstarben und die Krokodile oder Schildkröten überlebten. Aber man weiß, dass es mit vielen dramatischen Veränderungen der Umwelt zusammenhing. So wurde es allmählich kühler auf der Erde. Zwar hatten die Saurier gelernt, genau wie die Säuger ihre Körpertemperatur einigermaßen stabil zu halten. Doch taten sie sich damit wahrscheinlich recht schwer. Möglicherweise konnten sie Wärme nur gut speichern, aber nicht selbst erzeugen.

Hinzu kam, dass es für die Saurier nicht mehr so viel Futter gab wie früher, weil die Pflanzen in kalten Zeiten nicht mehr so üppig wachsen. Außerdem sank am Ende des Erdmittelalters der Meeresspiegel, was viele Auswirkungen auf das

DIE GROSSEN KATASTROPHEN

Dass es auf der Erde zu mehreren gigantischen Katastrophen gekommen sein muss, vermutete vor 200 Jahren schon der französische Naturforscher Georges Cuvier, einer der Begründer der Paläontologie. Heute gehen die Wissenschaftler davon aus, dass es mindestens fünf solcher Ereignisse gegeben hat, bei denen jeweils unzählige von Arten ausgestorben sind. Das größte Massensterben ereignete sich am Ende des Erdaltertums vor 250 Millionen Jahren, zuvor gab es schon zwei größere Katastrophen. Mit der Katastrophe, der vor 65 Millionen Jahren die Saurier zum Opfer fielen, lassen die Wissenschaftler die Erdneuzeit beginnen.

Klima hatte, und es brachen überall Vulkane aus. Schwefelwolken zogen über die Erde, wodurch es zunehmend kühler wurde. Und sicher gab es noch weitere Gründe.

Für viele Saurierforscher war der Hauptgrund für den Untergang allerdings ein Meteorit, der

vor 65 Millionen Jahren auf der Erde einschlug.
Kleine Meteoriten fliegen ständig auf die Erde
zu, doch merken wir nichts davon, weil sie in
der Erdatmosphäre verglühen. Ab und zu aber
wird unser Planet von einem Riesenmeteoriten
getroffen, der viele Kilometer dick ist. Die Wahrscheinlichkeit dafür, dass so etwas passiert, ist
nicht sehr groß. Nach den Berechnungen von
Astrophysikern ist nur durchschnittlich alle
30 Millionen Jahre mit dem Einschlag eines größeren Meteoriten zu rechnen.

Vor 65 Millionen Jahren ist mit großer Wahrscheinlichkeit ein Riesenmeteorit mit einem
Durchmesser von mindestens zehn Kilometern
auf der Erde eingeschlagen. Man weiß das, weil
die Wissenschaftler auf der ganzen Welt Spuren
von Iridium gefunden haben, und zwar genau am
oberen Rand jener Schicht, die damals die Erde
bedeckte, der Kreide. Iridium ist ein Metall, das
auf der Erde nur selten vorkommt, aber beim
Aufprall eines Meteoriten frei wird. Die Wissenschaftler haben inzwischen sogar mit Hilfe von
Satellitenaufnahmen eine Stelle ausfindig gemacht, an der ein solcher Meteorit niedergegan-
gen sein könnte. In Mexiko fanden sie Reste
eines riesigen Kraters.

Für die Saurier, die schon lange um ihr Überleben kämpften, bedeutete der Aufprall des
Meteoriten das endgültige Aus. Der Meteorit war
sicher nicht der einzige Grund für das Ende.
Aber er tötete die letzten Vertreter. Gemeinsam
mit den Sauriern starben zahllose andere Arten,
unter anderem auch die kleinen Ammoniten mit
ihren Spiralpanzern. Im Meer waren mindestens
80 Prozent aller Lebewesen betroffen, an Land

gut die Hälfte. Die Erde wurde leer. Ein paar Millionen Jahre musste die Natur verschnaufen, bis sie wieder bevölkert wurde.

Große Katastrophen ereignen sich immer wieder auf der Erde. Manchmal haben sie damit zu tun, dass etwas von außen die Erde erreicht, ein Meteorit oder eine Strahlung aus dem Weltraum. Manchmal kommen sie aus dem Inneren unseres Planeten, wenn brodelndes Magma nach außen drückt, die Kontinente verschiebt und die Landmassen zu gewaltigen Gebirgen zusammenquetscht. Bei jeder Katastrophe werden die Karten in der Natur neu gemischt. Ein neues Spiel beginnt mit vielen neuen interessanten Spielern.

Ein Massensterben ist für die Natur wie eine Art reinigendes Gewitter. Anders als beim normalen Aussterben von Arten werden bei einem Massensterben eine Unmenge an Nischen frei. Mächtige Tierarten verschwinden, unterdrückte Arten kommen zum Zuge. Man schätzt, dass es in der Erdgeschichte mindestens drei Mal zu einer gigantischen Katastrophe gekommen ist, wahrscheinlich sogar öfter. Stets folgte auf eine Katastrophe eine kurze Zeit des Stillstands und dann eine Zeit, in der die Natur jede Menge neuer Arten erfindet.

Blieb von den Sauriern nur ein Haufen Knochen übrig?

Genau genommen sind die Saurier gar nicht ausgestorben. Ein paar ihrer Nachkommen haben die große Katastrophe überlebt und leben mit-

ten unter uns. Wir sehen sie jeden Tag. Sie heißen Spatz, Taube oder Amsel. Es sind die Vögel.
Sie stammen direkt von den gefährlichen Raub-
sauriern ab, und das kann man erkennen, wenn
man sich einen Vogel einmal genau anschaut.
Der erste Vogel der Welt, der Archaeopteryx, war
von einem Dino kaum zu unterscheiden, er hat
fast den gleichen Knochenbau. Allerdings wuchsen ihm schon Federn statt Schuppen. Das war
ein Vorteil. Federn halten warm, und sie wachsen
nach. Wenn dagegen die empfindliche Flughaut
eines Pteranodons einmal riss, war es aus mit
dem Fliegen.

Schon zu Lebzeiten der Dinos hatten ihre
engen Verwandten, die Vögel, viele Arten gebil-
det. Genau wie die Säugetiere retteten sie sich in
die Erdneuzeit.

Der Spatz hat seinen großen Bruder, den
Tyrannosaurus Rex, überlebt.

Warum speien Vulkane Feuer?

Vulkane können Tausende von Jahren still und friedlich schlafen. Aber sie können auch, wenn sie plötzlich erwachen, ganze Landstriche verwüsten.

Bei einem Vulkanausbruch drängen unvorstellbare Kräfte aus dem Erdinneren hervor, werden Glut und Asche kilometerweit in den Himmel geschleudert, ungeheure Rauchwolken hängen über dem Krater, und schwarz glühende Lava fließt in einem langen, alles verbrennenden und unter sich begrabenden Strom den Berg hinunter.

Wie Vulkane entstehen, warum es zu Vulkanausbrüchen kommt und was dabei passiert, erforschen Mineralogen und Vulkanologen. Ihre Arbeit kann lebensrettend sein. Wenn sie einen Vulkanausbruch vorhersagen, können sich die Menschen, die in der Nähe des Vulkans leben, in Sicherheit bringen.

Dennoch kommen bei großen Vulkanausbrüchen immer wieder Menschen ums Leben und werden viele Häuser zerstört. Deshalb bleibt es so wichtig, Vulkane zu beobachten.

Alles was mit Feuer und Hitze zu tun hat, ist für Menschen aufregend. Schon kleine Kinder interessieren sich für Streichhölzer oder heiße Herdplatten, und viele Erwachsene können Stunden damit zubringen, einen Holzkohlegrill oder ein Lagerfeuer zu entfachen und anschließend andächtig zu verfolgen, wie die Flammen züngeln und das Holz verglüht.

Für die ersten Menschen war das Feuer nicht so gemütlich. Wenn ein Baum in Flammen aufging, weil der Blitz einschlug, bekamen sie Angst. Feuer war eine geheimnisvolle und göttliche Macht. In der griechischen Mythologie wird Prometheus sogar von den Göttern bestraft, weil er ihnen das Feuer geraubt und den Menschen gegeben hat.

Erst ziemlich spät lernten die Menschen, mit dem Feuer umzugehen, einen Kamin zu betreiben oder ein Hähnchen zu grillen. Das war einer der größten Fortschritte der Menschheit. Vielleicht kommt daher die Faszination, die das Feuer bis heute auf uns ausübt. Dass es den Menschen gelungen ist, eine so große Macht wie das Feuer zu bändigen, können sie bis heute nicht so recht glauben. Es ist ihnen ein wenig unheimlich.

Ein ganzer Berg, der Feuer speit, ist natürlich das Aufregendste an Feuer, was es gibt. Bilder von einem Vulkanausbruch vergisst man nicht so schnell. Wer mit einem Flugzeug über einen Krater fliegt und unter sich einen See mit glühender, brodelnder Lava sieht, hat das Gefühl, ins Innere der Erde zu blicken. Wir wissen zwar, dass die Erde eine Kugel ist. Aber dass sie voller brodelnder Masse stecken könnte, daran denken wir nicht so gern.

> Wissenschaftler, die sich mit Vulkanen beschäftigen, heißen Vulkanologen. Mineralogen nennt man Forscher, die sich für die Gesteine und Mineralien in der gesamten Erde interessieren. Professor Gregor Markl, der uns bei diesem Kapitel wissenschaftlich beraten hat, lehrt Mineralogie in Tübingen.

Auch tief im Meer gibt es Vulkane, die Lava und schwarze Rauchwolken ausstoßen, obwohl es doch unter Wasser eigentlich kein Feuer geben dürfte. Und es gibt Inseln, die entstanden sind, weil Vulkane eines Tages aus dem Meer auftauchten.

So verschieden die Vulkane auch sein mögen, eines haben sie alle gemeinsam. Sie entstehen, weil eine heiße Masse aus dem Erdinneren nach oben drängt: Magma.

Was ist der Unterschied zwischen Magma und Lava?

Schon das Wort Magma klingt sehr geheimnisvoll. Es kommt aus der griechischen Sprache und bedeutet so viel wie Masse oder Brei. Geologen bezeichnen mit Magma das geschmolzene Gestein, das sich in der Erde befindet. Magma ist ein Wort, das man sich unbedingt merken sollte, wenn man etwas über Vulkane lernen will. Ohne Magma gäbe es nämlich überhaupt keine

Vulkane. Magma steckt im Innern aller aktiven Vulkane und brodelt vor sich hin, bis es schließlich aus einem Vulkan herauskommt. Sobald das Magma an die Erdoberfläche dringt, bekommt es einen anderen Namen. Nun heißt es Lava, und was das ist, weiß jeder, der schon mal auf Lanzarote gewesen ist oder in einem Vulkanpark wie in der Eifel. Lava ist ein schwarzer und manchmal glühender Brei, der ganz starr wird, wenn er abkühlt.

DEM INNERN GANZ NAH

Auf der kanarischen Insel Lanzarote, am Vulkan Timanfaya, fühlt man sich dem Erdinneren ganz nah. Der Boden ist überall ganz warm und an manchen Stellen so heiß, dass man dort über einem Erdloch Würstchen grillen kann. Und schüttet man Wasser in ein solches Erdloch, kommt es mit einem lauten Zischen als Wasserdampffontäne sofort wieder emporgespritzt.

Man könnte sagen, dass Lava so etwas ist wie die Spucke der Erde, die sich von unserer Spucke allerdings dadurch unterscheidet, dass sie glühend heiß ist. Wissenschaftler schauen sich die Lava genau an, denn mit ihrer Hilfe kann man verstehen, wie es im Innern der Erde aussieht. Außer der Lava kommen auch noch jede Menge Gase, Schlacke und Asche aus der Erde. Das wird natürlich auch alles untersucht. Aber was dabei herauskommt, muss man sich in der Kinder-Uni nicht merken. Das ist etwas für die Erwachsenen-Uni.

Kommt man von einem Vulkan aus in die Erde hinein?

Vulkane sind Stellen, an denen glutflüssiges geschmolzenes Gestein aus dem Erdinneren an die Oberfläche austritt. Wo ein Vulkan ist, gibt es also eine direkte Verbindung von der Oberfläche der Erde in ihr Inneres. Trotzdem kann man nicht mal eben durch einen Krater ins Erdinnere hineinspazieren. Vulkane sind massive Berge, die zum allergrößten Teil aus erkalteter, also steinharter Lava bestehen. Selbstverständlich gibt es in einem aktiven Vulkan auch Magma, aber sie ist in Gängen und Kammern verborgen. Man bräuchte also, um in einen Vulkan (und hinterher in die Erde) einzutauchen, nicht nur ein extrem hitzefestes U-Boot, sondern auch noch einen Super-Bohrer an dessen Spitze. Leider kann man so ein U-Boot heute noch nicht bauen, und es ist ungewiss, ob man es jemals kann. Aber wir können uns immerhin vorstellen, wie es wäre, mit einem solchen U-Boot in die Erde einzudringen.

Unser U-Boot würde an einem Vulkan mit einem frischen Lavasee starten. Lavaseen gibt es zum Beispiel auf Hawaii. Sie sehen fantastisch und ein bisschen unheimlich aus, ganz schwarz, mit rot glühenden, fast 1400 Grad heißen Stellen darin, und sie können bis zu 100 Meter tief werden. Auch wenn sie Seen genannt werden, kann man ein Bad in einem Lavasee wirklich nicht empfehlen. Selbst wer nur kurz die Zehenspitze hineinhielte, hätte hinterher keinen Zeh mehr. Auch Lavaseen kühlen allerdings ab. Dann werden sie steif und bekommen eine Kruste wie ein Pudding.

PLUTONISMUS

Die vulkanischen Aktivitäten in der Erdkruste bezeichnet man auch mit dem Sammelbegriff Plutonismus. Der Name kommt von »Pluto«, dem griechischen Gott der Unterwelt. Entsprechend heißt »plutonisch«: aus der Tiefe kommend.

Unser Lavasee ist noch ziemlich flüssig, und wir tauchen mit dem U-Boot bis auf den Grund. Viel sehen können wir nicht, der See glüht rot vor unseren Bullaugen, bis wir an seinen Grund kommen. Jetzt wird es Zeit, den Bohrer einzuschalten, um in das Innere des Vulkans zu gelangen. Wir stellen das Boot senkrecht, schalten den Bohrer ein und los geht's.

Wir sagten es schon, ein Vulkan besteht in seinem Inneren aus festem Gestein, nur der kleinste Teil ist geschmolzen. Das U-Boot bohrt sich durch dieses grauschwarze Gestein hindurch, bis es irgendwann auf etwas Flüssiges stößt, einen Schacht oder eine Kammer mit Magma. Solche Kammern sind Zeichen dafür, dass ein Vulkan noch aktiv ist und ausbrechen kann.

Das U-Boot dringt nun tiefer ein und verlässt den Bereich des eigentlichen Vulkans. Es gelangt in eine Zone, die wir die Erdkruste nennen. Sie umgibt die ganze Erdkugel wie die Schale ein Ei. Auf den Kontinenten ist diese Kruste zwischen 30 und 50 Kilometer dick, im Ozean ist sie viel dünner, etwa sieben Kilometer. Aber auch fünfzig Kilometer sind nicht gerade viel. Um 50 Kilometer zu überwinden, fährt man mit dem Auto nur eine halbe Stunde. Diese dünne Schicht muss alles halten, was auf der Erde steht: Wolkenkratzer, Kathedralen, große Fabriken und Kraftwerke und vor allem die großen Gebirge wie die Alpen oder die Rocky Mountains: Alles steht auf der Erdkruste.

Das heißt, an vielen Stellen der Erde liegt über der Erdkruste noch wie ein weicher Teppich eine weitere Schicht, das Erdreich. Hier können wir mit der Schaufel Löcher buddeln, hier leben

Maulwürfe, Regenwürmer und Mäuse. Hier wächst der Rasen, auf dem man Fußball spielen kann. Und hier liegt auch der Dreck, den man danach in die Wohnung bringt.

Wir bohren uns weiter in die Tiefe. Die Erdkruste sieht grauschwarz aus, manchmal ein wenig rötlich, und sie besteht wie die Alpen aus Granit und einem Material namens Gneis, ist also ziemlich stabil. In der Kruste liegen viele verschiedene Steine, für die sich Mineralogen, aber auch Ingenieure interessieren und die zum Beispiel Kupfer, Eisenerz oder Zink enthalten können. Man findet dort aber auch Mineralien, für die sich eher Prinzessinnen und Gangster interessieren wie Diamanten, Silber und Gold.

Was liegt unter der Erdkruste?

Je weiter wir in die Tiefe kommen, desto wärmer wird es. An ihrem unteren Ende kann die Erdkruste Temperaturen von 400 bis 900 Grad erreichen. Und doch ist es diese dünne Schale, die uns vom viel heißeren Innern der Erde trennt und die wir mit dem U-Boot jetzt verlassen, um auf dem Weg in die Mitte der Erde voranzukommen. Vor uns liegt eine lange Fahrt durch den so genannten Erdmantel. 2850 Kilometer müssen wir überwinden, das entspricht ungefähr der Entfernung von Frankfurt nach Ägypten. Durch die Bullaugen unseres U-Bootes sehen wir, dass sich die Umgebung völlig verändert hat. Statt durch grauschwarzen Granit fahren wir jetzt durch etwas Grünliches, etwas, das in geschmolzenem

VULKANOLOGIE

Die Vulkanologie ist eine noch junge Wissenschaft. Erst zu Beginn des 20. Jahrhunderts, als im Jahre 1912 der Vulkan Katmai in Alaska ausbrach, begann man mit der Erforschung der Vulkane. Die eigentliche Geburtsstunde der Vulkanologie erfolgte dann im Jahre 1933, als sich Forscher erstmals auf einen aktiven Vulkan wagten und in unbequemer Schutzkleidung aus Zink den Stromboli in Italien bestiegen.

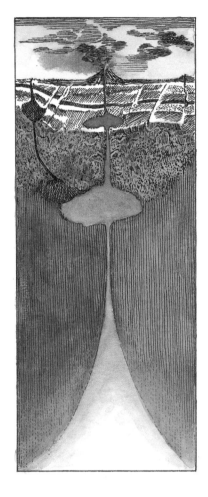

Zustand weicher ist als die Erdkruste. Olivin nennt sich der Stoff, aus dem vor allem der obere Erdmantel hauptsächlich besteht. Olivinknollen finden wir manchmal auch auf der Erdoberfläche, und zwar dort, wo es Vulkane gibt.

Im Erdmantel herrscht schon eine ordentliche Hitze. 1400 Grad kann man hier messen, und das ist viel heißer als ein Lagerfeuer. Auch in einem Lagerfeuer ist schon ganz schön was los. Es knistert, knackt und glüht, Rauch, Asche und Funkenteile steigen auf. Weil es im Erdinneren noch viel heißer ist, passiert auch hier jede Menge. Von unten steigen große Magma-Klumpen auf, brennen sich ihren Weg nach oben frei, zugleich versinken Teile, die nicht so heiß und deshalb schwerer sind.

Unser U-Boot muss sehr gut gepanzert sein, damit es den über 1400 Grad heißen Erdmantel durchqueren kann. Richtig gefährlich wird die Fahrt allerdings erst, wenn wir die nächste Erdschale erreichen, den »Äußeren Kern«. Wir merken es, weil der Erdmantel zäher wird und irgendwie flüssiger. Die Temperatur steigt jetzt auf extrem heiße 5000 Grad, und das U-Boot braucht keinen Bohrer mehr. Es kommt ein bisschen ins Schlingern, und wir sehen, dass wir durch eine Art Flüssigkeit tauchen. Wir haben den Äußeren Kern erreicht, eine Zone, die aus flüssigem Metall besteht. Viele haben schon einmal Bilder aus einem Stahlwerk gesehen, wenn der frische Stahl aus dem Hochofen fließt. So ungefähr sieht es jetzt vor den Bullaugen aus.

2080 Kilometer taucht das U-Boot durch dieses flüssige Metall, bis es endlich an seinen Grund, an das Zentrum der Erdkugel gelangt, den »Inneren Kern«. Er besteht wie der äußere Kern aus Eisen und Nickel, doch ist der Innere Kern nicht mehr flüssig, sondern fest, ungeheuer fest, weil sich hier unten in 4,6 Milliarden Jahren die schwersten Teile der Erde zusammengedrängt haben. Der Innere Kern, in den wir uns mit unserem U-Boot hineinbohren, ist nichts als ein riesengroßer, runder, heißer und unvorstellbar schwerer Metallklumpen, der in der Erde steckt wie der Kern in einem Pfirsich. In unserer Phantasie können wir uns mit dem U-Boot auch in diesen Kern hineinbohren, 1390 Kilometer tief, bis wir im Mittelpunkt der Erde sind, in einer mächtigen Metallkugel.

Unsere Erde hat ein Herz aus Metall, wer hätte das gedacht. Im Mittelpunkt der Erde, in 6370 Kilometer Tiefe, ist es absolut still und viel zu heiß. Trotz der Panzerung fangen wir allmählich an zu schwitzen. Wir fühlen uns wie Astronauten mitten im Universum, obwohl wir genau in die andere Richtung aufgebrochen sind. Das Komische ist: Es gibt eine direkte Verbindung vom Erdkern zum Weltraum. Einige der Asteroiden, die einsamen Brocken, die durch den Weltraum treiben, bestehen aus genau dem gleichen Material wie der Erdkern, aus Eisen und Nickel.

ASTEROIDEN

Asteroiden sind kleine Planeten, auch Planetoiden genannt, die sich fast ausschließlich zwischen Mars und Jupiter um die Sonne bewegen. Die meisten haben einen Durchmesser von zehn bis hundert Kilometern; der größte bekannte Asteroid trägt den Namen Ceres und hat einen Durchmesser von 768 Kilometern. Alle Asteroiden haben vermutlich denselben Ursprung und entstanden durch die Zerstörung eines Mutterplaneten. Auch alle Planeten scheinen denselben Ursprung zu haben, weil sie in ihrem Inneren aus dem gleichen Material bestehen.

Warum ist die Erde so heiß?

Anders als Asteroiden, die leblos durch das Universum rasen, ist die Erde, jenseits ihres eisenharten Metallkerns, in ständiger Bewegung und schwitzt sogar. Die meisten Wissenschaftler

KONTINENTALVERSCHIEBUNG

Die Theorie der Kontinentalverschiebung, die von der Annahme ausgeht, dass die Kontinente wie Eisschollen im Wasser auf der heißen Materie des Erdmantels schwimmen, und damit auch die Lehre der Plattentektonik wurde von dem Physiker, Meteorologen und Polarforscher Alfred Wegener begründet. Wie viele andere Forscher auch hat Wegener keine Risiken gescheut, um sein Wissen zu erweitern. Gerade 50-jährig fand er 1930 beim Rückmarsch einer von ihm geleiteten Grönland-Expedition den Tod.

glauben heute, dass alles Wasser, das es auf der Erde gibt, aus dem Innern kommt, vor vielen hundert Millionen Jahren an die Oberfläche gekommen ist und seither die Ozeane füllt. Auch die Luft, die wir atmen, kommt ursprünglich aus dem Erdinneren, sie ist allerdings durch die Wirkung der Sonne und der Pflanzen stark verändert worden.

Die Kraft für all ihre Aktivitäten bezieht die Erde aus radioaktiver Energie, die entsteht, weil in ihrem Innern ständig Atome zerfallen. Im Grunde ist die Erde ein riesiges Atomkraftwerk, das große Hitze produziert. Dass die Erde radioaktiv ist, kann man auch messen: Die Erdkruste enthält eine hohe natürliche Radioaktivität.

Der Reaktor sorgt für andauernde Hitze, die wiederum Materie zum Schmelzen bringt. Die geschmolzene Masse steigt auf und drückt von unten auf die Erdkruste. Auf der Oberfläche sorgt das für ziemlich viel Spannung. Die Kruste zerbricht immer wieder aufs Neue in einzelne Stücke, in gigantische Platten, die auf dem weicheren Untergrund des Erdmantels treiben. Die Platten reiben aneinander und können dabei so zusammengequetscht werden, dass ganze Gebirge entstehen wie die Alpen oder der Himalaja. So was passiert allerdings nicht von heute auf morgen, es dauert unvorstellbar lange Zeit.

Das mit den Platten müssen wir uns noch etwas genauer ansehen, denn es ist wichtig, um zu verstehen, warum an bestimmten Stellen der Erde Vulkane aus dem Boden kommen. So verlässt das U-Boot den Inneren Kern der Erde und nimmt wieder Kurs auf die Erdoberfläche. Wir passieren den Äußeren Kern, den Erdmantel, die

Erdkruste und schießen mitten im Ozean in einer Lavafontäne aus dem Erdinneren wieder hervor.

Warum ist mitten im Ozean ein Riss im Meeresboden?

Wir haben den Lavaausbruch im Ozean gut überstanden und kreuzen mit unserem U-Boot über dem Meeresgrund im Atlantik. Da entdecken wir, dass wir uns über einem mächtigen lang gestreckten Unterwassergebirge befinden. Über 2000 Meter, also fast so hoch wie der höchste Berg Deutschlands, erhebt es sich. Endlos zieht es sich über den Meeresboden hin, und wir sehen, dass es ziemlich zerklüftet und zerrissen ist. In einem Punkt allerdings ist es sehr einheitlich. Denn in der Mitte des Gebirges verläuft überall ein tiefer Graben, ein Riss. Wir tauchen hinab in diesen Graben, folgen ihm wie einem Gang, bis wir seinen Grund erreicht haben.

Mit unseren Scheinwerfern beleuchten wir den Boden. Wo ist der geheimnisvolle Riss? Leider kann man ihn nicht so genau sehen, er sieht nicht aus wie ein Briefkastenschlitz. Stattdessen liegt auf dem Boden des Grabens so etwas wie Schlacke, wir sehen schwarze kissenförmige Gebilde. Aber genau hier ist die Öffnung in der Erde, der Riss, der sich durch alle Ozeane hinzieht. Jeden Tag dringt aus diesem Riss ein winziges Stück neuer Ozeanboden hervor, Nachschub für die riesigen Platten unter den Ozeanen. Es sind nur zwei bis zehn Zentimeter im Jahr, die von hier aus

DER MITTELATLANTISCHE RÜCKEN

Der Riss im Erdboden ist nichts anderes als ein lang gestreckter Vulkan. Lava dringt hier unaufhaltsam an die Oberfläche, 1200 Grad heiße, zuerst noch etwas glühende Lava, die sich im Wasser schnell abkühlt und verformt. So wie Blei, das an Silvester ins Wasser geworfen wird.

nach links und rechts drängen, und doch haben sie eine große Wirkung. Die Platten unter dem Meeresboden drücken nämlich auf die Platten unter den Kontinenten. Und wegen dieses Risses im Atlantik, dem so genannten Mittelatlantischen Rücken, treiben Afrika und Amerika im Verlauf eines Menschenalters um etwa 1,80 Meter auseinander.

Weshalb ist der Kontinent Gondwana zerbrochen?

Dass die Erdoberfläche aus riesigen Platten besteht, die langsam gegeneinander verschoben werden, haben Forscher schon vor 200 Jahren geahnt. Sicher ist man sich aber erst seit fünfzig Jahren. Die Wissenschaftler hatten herausgefunden, dass der Boden der Ozeane unterschiedlich magnetisiert ist. In langen Streifen ändern sich auf dem Meeresboden die magnetischen Pole. Die Forscher haben jahrelang gegrübelt, woran das liegen konnte, bis sie sich daran erinnerten, dass auf der Erde alle paar Millionen Jahre Südpol und Nordpol vertauscht werden. Plötzlich konnten sie sich die unterschiedlich gepolten magnetischen Streifen erklären. Der Ozeanboden, meinten sie, ist nicht uralt, sondern er wird ständig neu hergestellt. Wie auf einem Förderband kommen die Platten aus dem Erdinneren heraus und nehmen die magnetische Polung an, die gerade herrscht. Ändern sich auf der Erde die Pole, ändern sich auch die magnetischen Verhältnisse im Meeresboden. Die Theorie der Plattentektonik war entdeckt, eine Revolution in der Wissenschaft.

So weiß man inzwischen, dass die Erde bis heute nicht fertig ist. Die kühle äußere Kruste bricht immer wieder auf, das heiße Innere fließt aus und verschiebt die Krustenteile. Im Verlauf vieler Millionen Jahre hat die Erde auf diese Weise immer wieder ihr Aussehen verändert. Riesengroße Superkontinente entstanden und zerbrachen wieder. Dem letzten Riesenkontinent haben die Wissenschaftler einen Namen gegeben: Gondwana. Er ist vor 200 Millionen Jahren zerbrochen, die Teile haben sich allmählich voneinander entfernt und heißen heute Afrika und Amerika. Damals gab es noch keine Menschen, die mit den Kontinenten auseinander treiben konnten, aber es gab schon Krokodile. Ob sie sich beim Abschied zugewinkt haben?

Leider oder zum Glück zerbrechen Kontinente aus menschlicher (und krokodilischer) Sicht sehr, sehr langsam. Man merkt nichts davon. So können wir auch nicht sehen, dass seit etlichen Millionen Jahren Afrika zerbricht. Ostafrika trennt sich von West- und Zentralafrika. Der Riss zieht sich von Norden durch das Rote Meer bis nach Äthiopien. Dort ist die Kruste schon löchrig, findet man die ersten Basaltbrocken, die aus dem Erdinneren nach außen gedrückt wurden. Irgendwann einmal wird der Suezkanal kein Kanal mehr sein, sondern ein Meer. Um die fünfzig Millionen Jahre wird das aber noch dauern.

Was passieren würde, wenn die Plattentektonik einmal stoppt, weil die Energie im Erdinneren aufgebraucht ist, weiß man nicht so genau. Nach 200 Millionen Jahren wären vermutlich alle

DER MOND – EIN STÜCK ERDE

Die Plattentektonik ist schon lange in Betrieb. Seit ungefähr zwei Milliarden Jahren. Die Erde selbst gibt es aber noch länger. 4,6 Milliarden Jahre sind es, von denen man die frühen aber abhaken kann. In ihrer Kindheit war die Erde im Prinzip nur ein heißer flüssiger Metallklumpen, der um die Sonne raste. Erst allmählich kühlte sich die äußere Hülle ab, und es bildete sich eine Kruste (wie beim Pudding), die schweren Teile sanken zum Kern, leichte stiegen nach oben, und so formierten sich allmählich die verschiedenen Schichten des Erdinneren. Irgendwann muss es eine gigantische Kollision mit einem anderen umherfliegenden Klumpen gegeben haben, bei dem ein großes Stück Erde einfach absprang. Dieses Stück Erde gibt es noch heute. Es ist der Mond, unser Trabant, der, wie man heute weiß, aus dem gleichen Stoff wie die Erde besteht.

Gebirge durch Wind und Wetter abgetragen. Die Erde wäre ein gleichmäßig ebenes Land, ungefähr wie Holland, würde allerdings komplett unter flachem Wasser liegen. Dass ein Planet seine Energie verlieren kann, zeigt der Mars. Dieser Planet ist erloschen, die Vulkane auf seiner Oberfläche rauchen nicht mehr. Zum Glück gibt es keinerlei Anzeichen, dass die Erde ihre Kraft verliert, jedenfalls nicht in den nächsten 500 Millionen Jahren.

Was ist der Feuergürtel?

Wo die vergleichsweise dünnen ozeanischen Platten auf die vergleichsweise dicken kontinentalen Platten treffen, befinden sich die meisten Vulkane. Die dünnen ozeanischen Platten wollen die dicken kontinentalen wegdrücken, doch das schaffen sie nicht ganz. Sie schieben ein wenig, schrammen an der dicken Platte entlang und sinken dann zurück in den Erdmantel, wo sie hergekommen sind.

Für die Menschen, die zufälligerweise oberhalb dieses Plattenkampfes wohnen, hat das unangenehme Folgen. Es rumpelt ziemlich oft. In Kalifornien beispielsweise, das über so einer Rumpelzone liegt, müssen die Häuser besonders stabil gebaut sein, weil hier häufiger als anderswo die Erde bebt. Entlang der Plattengrenzen an der amerikanischen Westküste erstreckt sich darüber hinaus eine ganze Kette von Vulkanen. Sie ist Teil eines Feuergürtels, der um die ganze Erde reicht.

Die Vulkane in den Vulkangürteln werden von den Überresten der ozeanischen Platten gefüttert. Wenn die Platten im Erdmantel versinken, fangen sie irgendwann in der Tiefe wieder an zu schmelzen. Weil heiße Materie leichter ist, drängen die versunkenen Teile nach ein paar Millionen Jahren wieder an die Erdoberfläche. Praktischerweise suchen sie sich den Weg des geringsten Widerstands und gehen dorthin, wo die Erdkruste schon etwas löchrig ist. Der Mount St. Helens im Nordwesten der USA ist so ein Vulkan. Er liegt in einer langen Reihe von Vulkanen parallel zu dem Graben, in dem die pazifische Platte versinkt.

VULKANE IM WELTRAUM

Auch auf anderen Planeten, wie etwa auf dem Mars oder auf der Venus, gibt es gigantische Vulkane, die von Raumsonden beobachtet werden. Die Vulkane auf dem Mars sind allerdings nicht mehr aktiv.

Als der Mount St. Helens 1980 ausbrach, stieß er Lava aus, die schon einen langen abwechslungsreichen Weg hinter sich hatte. Aus einem ozeanischen Riss quoll sie vor vielen hundert Millionen Jahren aus der Erde, schob sich dann in vielen weiteren Millionen Jahren Zentimeter um Zentimeter Richtung Amerika, verabschiedete sich schließlich vor dem Kontinent erneut in die Tiefe, sank bis fast an den Äußeren Kern der Erde, um schließlich wieder aufzusteigen.

Der Mount St. Helens ist ein sehr explosiver Vulkan. Mit viel Rauch und Feuer schoss hier die Lava heraus, sprengte einen großen Teil des Berges einfach weg. Andere Vulkane wie der Ätna sind eher gemütlich. Die Lava fließt hier in einem stetigen, aber langsamen Strom aus dem Vulkan heraus. Meistens jedenfalls. Beim jüngsten Ausbruch im Jahr 2002 erlebten die Vulkanologen eine Überraschung. Der gemütliche Ätna fing ordentlich an zu fauchen und stieß riesige Staubmengen aus.

VORSICHT, VULKAN!

Weil Vulkane so gefährlich sind,
sollte man sich nicht lange in
ihrer Nähe aufhalten. Trotzdem
wohnen viele Menschen an den
Hängen von Vulkanen, weil man
dort gut Landwirtschaft betreiben
kann. Vulkanasche ist wegen ihrer
vielen Mineralien sehr fruchtbar
und kann Feuchtigkeit
gut speichern.

Warum sind manche Vulkane explosiv und andere sanft?

Die Sache mit dem Blubb macht den Unterschied zwischen den Vulkanen aus. Bei explosiven Vulkanen wie dem Mount St. Helens oder dem Pinatubo auf den Philippinen, der 1991 explodierte, ist das Magma zäh wie Honig, und das ist gefährlicher, als wenn es flüssig wäre. Man kann sich das so vorstellen: Wenn man in Honig hineinbläst, gibt es, weil der Honig so zäh ist, Blasen, die größer und größer werden, bis sie

schließlich mit einem großen Blubb zerplatzen. Auch im Magma stecken Blasen, Gasblasen, die beim Schmelzen entstehen und immer größer werden. Weil das Gas unter der Erde nicht einfach wegwehen kann wie Rauch bei einem Feuer, steigt es mit dem Magma durch die vielen Kammern und Schächte nach oben, bis der Weg endlich frei ist. Es macht Blubb, und das Magma wird mit dem Gas aus der Vulkanöffnung herausgeschleudert. Manchmal verstopft das zähe Magma einen Schlot. Von unten drängt dann weiteres

Magma nach, staut sich und drückt gegen den Pfropf, bis er platzt.

Bei zahmeren Vulkanen macht es nicht Blubb. Hier ist das Magma ziemlich flüssig und lässt keinen großen Gasdruck zu. Das Magma kann gemütlich aus dem Erdinneren aufsteigen und aus dem Krater hinausfließen – wie beim Ätna, der vor etwa 600 000 Jahren entstanden und Europas größter Vulkan ist. Seit mehreren Jahrhunderten ist er pausenlos aktiv und spuckt glühende Lava aus, die in einem ruhigen Strom den Berg hinabfließt. Manchmal erlaubt sich zwar

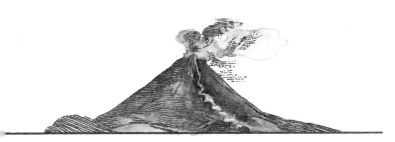

auch der Ätna einen kleinen Ausbruch, wenn der Lavanachschub zu stark wird oder die Lava sich im Berg einen neuen Weg sucht. Aber das kommt nicht so häufig vor.

Der Mount St. Helens gehört wie der Pinatubo zum Feuergürtel, dem Ring von Vulkanen, der um die ganze Erde reicht. 85 Prozent aller Vulkanausbrüche haben sich innerhalb dieses Feuerrings ereignet. Wenn man alle Vulkanausbrüche und Erdbeben der letzten vierzig Jahre auf einer Karte notiert, kann man ziemlich genau erkennen, wo die ozeanischen Platten entstehen und wo sie gegen die dickeren Platten der Kontinente drücken. Überall dort, wo Platten aufeinander treffen, ist vulkan- und erdbebenmäßig etwas los, auch da, wo zwei kontinentale Platten sich aneinander reiben. So treffen sich unter dem Ätna zwei kontinentale Platten, die afrikanische und die europäisch-asiatische. Prompt tun sich zwischen den Platten Fugen auf, in die Magma hineindrängt.

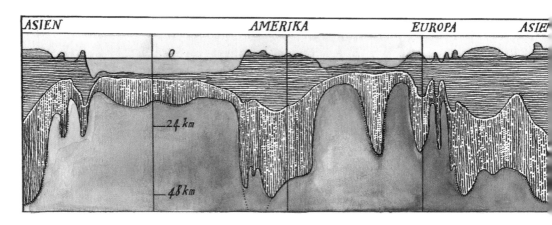

Die Oberkruste (waagerecht gestrichelt) und die Unterkruste (senkrecht gestrichelt), die den Erdmantel (rot) bedecken, sind unter den Ozeanen am dünnsten.

Außer den Vulkanen des Feuerrings gibt es auf der Welt noch ein paar Einzelgänger. Sie stehen mitten auf einer der großen Erdplatten und spucken trotzdem Feuer und Lava. Die Wissenschaftler vermuten, dass unter solchen Vulkanen eine besonders heiße Stelle im Erdmantel liegt. Durch die Hitze schmilzt so viel Gestein und verwandelt sich in Magma, dass es die 30 Kilometer dicke Erdkruste einfach sprengt. Die Kanarischen Inseln sind auf diese Weise entstanden. Es wird vermutet, dass sich unter den Inseln eine heiße Stelle im Erdmantel befindet, die immer wieder Magma-Massen nach oben schickt.

Weil die heiße Stelle an einem festen Ort im Erdmantel liegt, über den die ozeanische Platte langsam hinübertreibt, müsste das Magma eigentlich immer neue Löcher in die Kruste bohren. Tatsächlich scheint es genauso zu sein. An den Kanarischen Inseln, die allesamt aus Vulkanausbrüchen entstanden sind, ist das gut zu sehen. Lanzarote und Fuerteventura sind, wie die Gesteinsforscher herausgefunden haben, die ältesten Inseln der Kanarengruppe, sie haben sich im Lauf von Millionen Jahren langsam von der heißen Stelle weg und in Richtung Afrika bewegt, die jüngsten Inseln, Hierro und La Palma, stecken dagegen noch weit im Atlantik und sind viel näher dran an dem heißen Fleck.

Die größere Entfernung von der heißen Stelle bedeutet übrigens nicht, dass die Inseln sicher sind vor Vulkanexplosionen. Ganz im Gegenteil. Auf Lanzarote, der ältesten Insel, kam es im Jahr 1730 sogar zu einem besonders großen und verheerenden Vulkanausbruch, bis heute sind Teile der Insel mit erstarrter Lava bedeckt. Als Grund dafür vermuten die Wissenschaftler, dass sich im Inselvulkan Timanfaya noch jede Menge Magma befand.

AKTIV ODER ERLOSCHEN?

Der Timanfaya gilt bis heute als aktiv. Zehntausend Jahre muss ein Vulkan dicht halten, ehe Mineralogen und Vulkanologen ihn für erloschen erklären. Zehntausend Jahre sind für unsere Verhältnisse eine lange Zeit. Vor zehntausend Jahren gab es zwar schon ziemlich intelligente Menschen, aber noch keine Aufzeichnungen oder Ähnliches.

Alle Vulkanausbrüche, über die Menschen jemals berichtet haben, können sich deshalb jederzeit wiederholen.

Was waren die größten Vulkanexplosionen?

Die Explosion des Mount St. Helens im Jahre 1980 war einer der größten Ausbrüche des vergangenen Jahrhunderts. Allerdings richtete er keine besonderen Schäden an, außer am Vulkan selbst, bei dem ein ganzer Hang zu Bruch ging.

Leider verlaufen nicht alle Vulkanexplosionen so glimpflich für die Menschen wie die des Mount St. Helens. Vulkane können ungeheure Verwüstungen anrichten. Über 260 000 Menschen sind in den letzten 300 Jahren bei Vulkanausbrüchen ums Leben gekommen, das sind weit mehr Menschen, als eine Stadt wie Freiburg Einwohner hat. Als im Jahr 1985 der Nevado del Ruiz in Kolumbien ausbrach, starben allein 25 000 Menschen. Über 5000 Häuser wurden zerstört, zwei Krankenhäuser, 58 Fabriken und 3000 Hektar Ackerland.

Viel weniger Menschen fielen der Explosion des Pinatubo auf den Philippinen zum Opfer. Hier konnten Vulkanologen den Ausbruch glücklicherweise vorhersagen und die Bevölkerung warnen. Erst wollten die Menschen den Wissenschaftlern nicht glauben, weil sich der Vulkan viele, viele Jahre überhaupt nicht gerührt hatte. Manche hatten völlig vergessen, dass der Pinatubo überhaupt ein Vulkan ist, so ruhig hatte er sich verhalten. Wegen einiger kleiner Erdbeben waren die Wissenschaftler aber aufmerksam auf den Pinatubo geworden. Sie betrachteten besonders aufmerksam ihre Messgeräte und stellten fest, dass die heißen Quellen am Pinatubo heißer wurden. Auch stellten sie fest, dass im Grund-

IM SCHATTEN DES VESUVS

Einer der berühmtesten Vulkanausbrüche ereignete sich vor knapp 2000 Jahren, am 24. August des Jahres 79. Beim Ausbruch des Vesuv wurde eine ganze Stadt verschüttet: Pompeji. 20 000 Einwohner hatte die römische Stadt. Sie lebten in luxuriösen Häusern mit wunderschönen Fresken an den Wänden, sie verfügten über eine Wasser- und Abwasserversorgung und gingen auf gepflasterten Gehwegen zum Bäcker oder Metzger, in Gastwirtschaften, den Tempel oder ins Amphitheater. Doch in wenigen Tagen wurde alles ausgelöscht.

wasser plötzlich vermehrt Schwefeldioxid auf-
tauchte, ein Gas, das frei wird, wenn heiße Magma aufsteigt. Irgendwann stiegen Dampfwolken
aus dem Vulkan bis in acht Kilometer Höhe auf.
Anfang Juni 1991 waren die Forscher sicher, dass
der Vulkan über kurz oder lang ausbrechen würde. Sie schlugen Alarm.

Den Experten gelang es, die Anwohner und die
Behörden von der Gefahr zu überzeugen. 60 000
Menschen wurden evakuiert. Mit ein paar Hab-
seligkeiten verließen sie ihre Häuser und zogen
aus der Umgebung des Vulkans weg. Das war
nicht einfach, schließlich wussten sie nicht, ob
sie ihre Häuser jemals wieder betreten könnten.
Tatsächlich brach der Pinatubo am 15. Juni aus,
und es war der größte Vulkanausbruch in der
zweiten Hälfte des 20. Jahrhunderts. Über 70 000
Häuser wurden von der Lava ganz oder teilweise
zerstört, viele Felder wurden bedeckt, die auf-
gestiegene Asche verdunkelte die Sonne und
sorgte weltweit für niedrige Temperaturen. Aber
die meisten Menschen konnten gerettet werden.
Das zeigt, wie wichtig es ist, Vulkane zu beobachten. Leider ist es mit den Vulkanausbrüchen
so wie mit den Erdbeben. Auch die besten Wissenschaftler können sie nicht zuverlässig voraus-
sagen.

DER UNTERGANG VON POMPEJI

Als der Vesuv ausbrach, begrub
er alles Leben in Pompeji unter
einem Ascheregen. Nach vier
Tagen war die Stadt unter
meterhohen Aschebergen verschüttet. Kaum einer der Bewohner konnte sich retten, sie er-
stickten unter der heißen Asche
des Vulkans. Im Verlaufe syste-
matischer Ausgrabungen, die im
Jahre 1860 begannen, fand man
dort, wo die Menschen gestorben
waren, Hohlräume in der Erde.
Archäologen gossen die Räume
mit Gips aus, weshalb die Menschen, die beim großen Ausbruch
des Vesuv umkamen, heute wieder zu erkennen sind.

Warum gibt es
Arme und Reiche?

Hat eigentlich noch niemand be-merkt, wie ungerecht es ist, dass so viele Menschen hungern, während andere in schönen Häusern woh-nen, die voll sind mit Ritterbur-gen, Echthaarpuppen, Legosteinen, Computern und Marken-Klamot-ten? Einige sind gegen alles versi-chert: gegen Feuer, zu frühen Tod oder Fahrradklau. Manche kom-men sogar als Queen auf die Welt. Andere wissen dagegen morgens nicht, ob sie tagsüber genug zu es-sen bekommen.

Reichtum bedeutet Überfluss, und Armut heißt, einen leeren Bauch zu haben. Das stimmt und stimmt auch wieder nicht.

Ein und derselbe Mensch kann in einem Land zu den Armen und im anderen zu den Reichen gehören, denn Arm und Reich sind nicht überall auf der Welt gleich. In einer Hinsicht ähneln sie sich jedoch: Nicht nur Reichtum, auch Armut ist vererbbar. Manche erben von ih-ren Eltern Millionen, andere nichts als Elend oder schlechte Aussich-ten. Warum nur sind die Besitz-tümer auf dieser Welt so ungleich verteilt?

Professor Eberhard Schaich ist Wirtschaftswissenschaftler und Rektor der Tübinger Universität. Er versteht auch etwas von Armut und Reichtum. Für ihn ist die Welt reich an Zahlen. Zahlen stecken voller Geheimnisse, die sich jedoch nicht gleich beim ersten Hinschauen preisgeben. Für den folgenden Beitrag gab Eberhard Schaich zahlreiche wichtige Anregungen und Informationen.

Dagobert Duck, Bill Gates und die Königin von England sind reich, sehr reich. Der eine sammelt Geld, um darin zu baden. Der andere hatte eine geniale Geschäftsidee und arbeitete sich mit aller Macht hoch. Die dritte hat ihre Kronjuwelen mit all den daran hängenden Schlössern und Ländereien geerbt. Alle drei haben mehr Geld, als sie jemals ausgeben können. Selbst wenn sie sich jeden Tag ein neues Auto bestellten und alle Freunde zum Essen einladen würden. Daran erkennt man, wie reich sie sind. Auch wenn sie gerade keinen Cent im Portemonnaie haben, sind sie es. Bargeld ist für sie gar nicht so wichtig, sie bekommen in den Geschäften ohnehin alles, was sie wollen. »Die Rechnung geht an den Buckingham Palace«, sagt die Königin dann. Bill Gates muss nur seine Visitenkarte zücken und schon tönt es ihm überall entgegen: »Jawohl, Mister Gates.« »Dürfen wir Ihnen ein kleines Geschenk des Hauses verehren, Mister Gates?« »Beehren Sie uns bald wieder, Mister Gates.« Königinnen und Milliardäre haben so viel Geld, dass sie außer den üblichen Alltagsdingen auch locker einen Wolkenkratzer, eine Mondrakete oder eine Insel in ihre Einkaufswagen legen könnten – und sie bekämen an der Kasse immer noch Geld heraus.

Reich und frei oder arm und ohne Freunde?

Es gibt einen Film über einen armen Mann, dem ein Eine-Million-Dollar-Scheck in die Hände fällt. Mit einem Schlag öffnen sich ihm alle Warenhäuser. Nirgends muss er mehr zahlen, er zeigt nur seinen Scheck und schon bekommt er, was er braucht. Jeder empfindet es als Ehre, einem Millionär aus einer kurzfristigen Bargeld-Klemme zu helfen. Keiner sieht in ihm mehr den Bettler. So ist der arme Mann nur durch ein Stückchen Papier mit einer Eins und sechs Nullen zu einem anderen Menschen geworden. Zumindest wird er anders behandelt als vorher. Als reichem Mann werden ihm eine Menge Dinge geschenkt, die für ihn als armer Schlucker unerreichbar waren.

Es ist schon verrückt: Da ist jemand vom Glück begünstigt, hat Geld in Hülle und Fülle und bekommt noch einen Gratis-Zuschlag Freundlichkeit obendrein. Ein armer Mann, der auf die Freundlichkeit anderer besonders angewiesen wäre, kriegt sie nicht zu spüren. Das ist eigentlich doppelt ungerecht.

Die meisten würden, wenn sie wählen könnten, ob sie arm oder reich sein wollen, bei ihrer Entscheidung nicht lange zögern. Was das Geld so verlockend macht, ist nicht nur die Aussicht, sich fast alles kaufen zu können. Es ist auch die Hoffnung auf die große Freiheit. Ein Auto gibt einem die Freiheit, jederzeit die Oma in Hamburg zu besuchen oder zum Popkonzert nach München zu fahren. Ein eigenes Haus gibt die Möglichkeit, mehr selbst zu gestalten und unbesorgter zu toben als in einer Mietwohnung. Wer Geld hat, kann eine Weltreise machen oder im Café bei einer Limonade darüber nachdenken, ob er sich das allerneueste Computerspiel kauft.

Mit dem Computerspiel erhöht sich die Zahl der Freunde möglicherweise sprunghaft. Ähn-

DER REICHSTE MANN DER WELT

Sein Name ist Bill Gates, und jedes Kind kennt ihn. Er ist 1955 in den USA als Sohn reicher Eltern geboren und schon früh als Hochbegabter aufgefallen. Sein Firmen-Imperium begann angeblich in einer Garage. 1975 gründete er Microsoft. Sein Verdienst liegt vor allem darin, dass er die Ideen anderer frühzeitig erkannte und zu vergolden wusste. Bill Gates' Vermögen wird auf 43 Milliarden Dollar geschätzt.

DIE SUPERREICHEN

Die Hälfte der Amerikaner, die zu den Superreichen zählen, hat ihr Vermögen geerbt. Die andere Hälfte hat es selber geschaffen. Superreich wird man jedoch nur, wenn man eine Riesenportion Glück hat, denn die Grundlage des sagenhaften Reichtums wurde meist mit einem einzigen Sprung gelegt, danach mussten die Vermögen dann nur noch im üblichen Rahmen weiterwachsen. Wie heißt es doch gleich? Die erste Million (oder Milliarde) ist immer die schwerste.

lich wird ein Mädchen, das ein Pferd besitzt, von vielen anderen Mädchen umschwärmt. Wenn es jedoch verwöhnt und zickig ist, wird ihm auch das wunderbarste Pferd auf die Dauer keine Freundschaften eintragen, und kein Junge wird nur aufgrund seiner tollen Computerspiele von anderen gemocht. Besitztümer machen niemanden zum prima Kumpel oder zur liebsten, besten Freundin, aber sie bieten möglicherweise einen ersten Anstoß, sich kennen zu lernen. Also ist selbst Freundschaft, die ja eigentlich hoch über Gelddingen stehen sollte, nicht ganz frei davon.

Geld verschafft Vorteile. Reiche haben bessere Chancen als Arme, doch ob Reiche deshalb glücklicher sind, das ist eine andere Frage. Reichtum schafft zwar die Grundlage für ein schönes Leben, aber Geld allein, so sagen fast alle Großeltern dieser Welt, macht nicht glücklich.

Wie kommt man denn zu Geld?

Im Märchen wird der Gute, Genügsame und Glückliche am Ende fast immer mit Geld und Gütern belohnt. Außerhalb der Märchen, in der Realität, sieht es anders aus, man muss weder einen guten noch einen schlechten Charakter haben, um reich zu werden. Es gibt viele Wege zu materiellem Reichtum. Der einfachste ist immer noch zu erben. Richtig Reiche brauchen mehr als ein Leben, um ihr Vermögen auszugeben, deshalb vererben sie es an die nächste Generation. Ihre Kinder werden also mit großer Wahrscheinlichkeit auch einmal Geld haben. Oft

ERBEN IN DEUTSCHLAND

Jedes Jahr werden in Deutschland 200 Milliarden Euro vererbt. In den kommenden Jahren wird über 15 Millionen Haushalte ein Geldsegen von zwei Billionen Euro hereinbrechen. Das klingt so, als gäbe es bald nur noch Reiche in Deutschland. Die Hälfte davon, so das Deutsche Institut für Altersvorsorge, erbt jedoch in kleinem Maßstab: 22 Prozent bis zu 13000 Euro und 28 Prozent bis zu 80000 Euro. Und sechs Prozent, das sind eine Million Haushalte, erben nichts als Schulden.

müssen sie selber gar nicht viel tun, denn das Geld arbeitet für sie. Geld kann nämlich auf der Bank liegen und trotzdem fleißig sein. Denn je mehr Geld hier liegt, desto mehr wird aus ihm.

Wenn jemand sehr viel Geld auf der Bank oder in einem schönen Haus angelegt hat, spricht man von einem Millionär, und man denkt: ein ganz Reicher, weil er eine Million oder mehr Besitz hat. Dabei sind Millionäre in Deutschland nichts Besonderes mehr. Viele besitzen komfortable Häuser und sind nicht besonders weit von einem Eine-Million-Mark-Vermögen entfernt. (Seit der Umstellung auf den Euro ist die Million allerdings nicht mehr ganz so greifbar.) Wirklich reich sind jedoch die Einkommensmillionäre. Zu ihnen zählt, wer ein Jahreseinkommen von mindestens einer halben Million Euro hat.

In Deutschland gab es Mitte der neunziger Jahre ungefähr 27000 Menschen, die im Jahr eine Million Mark und mehr verdienten. Das ist ungefähr jeder Tausendste unter denen, die Einkommen beziehen. Im Durchschnitt bekamen diese 27000 Reichen knapp drei Millionen Mark im Jahr.

WIE SICH KINDERLOSIG-KEIT RECHNET

Wer kinderlos bleibt, spart viel. Rund 500 Euro kostet ein Kind in Deutschland monatlich, wenn man alle Kosten, vom Mietanteil bis zum Kinobesuch, zusammenrechnet. In zwanzig Jahren könnten Kinderlose also 120 000 Euro auf die Bank tragen. Wenn sie mit dreißig Jahren anfangen, dieses Geld in eine Privatversicherung einzuzahlen, steigert es sich bis zum 60. Lebensjahr auf 250 000 Euro, und man kann eine monatliche Rente von 1650 Euro kassieren.

Warum ist Lena trotz Playstation arm?

Dass viele Menschen durch Zufall, etwa durch Geburt, reich sind, ist leicht zu kapieren. Aber kann man auch Armut erben? Von Armut in Afrika oder Indien hat jeder schon einmal gehört, aber Armut in Deutschland? Im Armutsbericht der Bundesregierung aus dem Jahr 2001 heißt es, dass das Risiko, arm zu werden, in Deutschland mit der Kinderzahl unverhältnismäßig ansteigt. Andere Berichte bestätigen das. Jeder elfte Deutsche lebt unter der Armutsgrenze. Für Kinder und Jugendliche gibt es noch erschreckendere Zahlen: Von den 14 Millionen Kindern und Jugendlichen in Deutschland gelten zwei Millionen, also jeder Siebte, als arm. Bei der Hälfte dieser Kinder sind die Eltern auf Sozialhilfe, auf Unterstützung vom Staat angewiesen. Von Armut betroffen sind vor allem Alleinerziehende und kinderreiche Familien: 1998 waren es 30 Prozent aller Kinder mit allein erziehenden Eltern und 20 Prozent aller Familien mit drei und mehr Kindern. Der Satz, Kinder machen arm, ist so erschreckend wie richtig. Aber was heißt es genau, in einem reichen Land arm zu sein?

Nehmen wir die zehnjährige Lena. Sie lebt in einer deutschen Großstadt und bekommt pro Woche zwei Euro Taschengeld, das ist eigentlich nicht wenig. Sie hat einen kleinen Bruder, auf den sie aufpasst, wenn die Mutter nachmittags arbeitet. Lenas Mutter zieht die Kinder allein groß. Sie arbeitet halbtags als Verkäuferin in einer Bäckerei. Auto oder Urlaub kann sich die Familie bei rund 900 Euro Monatseinkommen nicht leisten. 300 Euro Kindergeld bekommt sie monatlich vom Staat dazu. Lena ist zufrieden mit dem, was die Familie hat. Sie freut sich darüber, dass die Mutter einen neuen Fernseher angeschafft hat, vor dem sie und ihr Bruder viel Zeit verbringen. Von ihren Cousins bekamen sie eine abgelegte Playstation geschenkt. Die Hausaufgaben leiden zwar etwas darunter, aber das kriegt Lenas Mutter zum Glück nicht mit. Auch wenn Lena sich selber nicht als arm bezeichnen würde, schließlich hat sie in der Drei-Zimmer-Wohnung sogar ihr eigenes kleines Zimmer, gehört Lenas Familie in Deutschland zu den Armen. Selbst wer ein Dach überm Kopf und genügend zu essen hat, einen Fernseher und Spielzeug, kann arm sein.

HUNGER

Weltweit hungern 840 Millionen Menschen und sterben täglich 25 000 an Hunger. Diese Zahlen nannte die UN-Organisation für Ernährung und Landwirtschaft (FAO) im Jahr 2002.

In Deutschland gilt als arm, wer als Erwachsener knapp 600 Euro im Monat zur Verfügung hat, damit weniger als die Hälfte dessen, was man im Durchschnitt hierzulande verdient. Im Osten Deutschlands liegt die Armutsgrenze bei etwa 500 Euro. Für ein Kind werden im Westen, wo die Verdienste und Kosten höher sind, 250 Euro, im Osten etwa 210 Euro gerechnet.

Trotz Fernseher, Taschengeld und Playstation zählt Lena mit ihrer Familie also zu den Armen. In anderen Ländern gehört man dagegen schon zu den Reichen, wenn man nur einen Dollar am Tag ausgeben kann. Kann man Armut in Deutschland überhaupt in einem Atemzug mit Armut in Afrika nennen? Beide Formen lassen sich nur schwer vergleichen. Aber gegeneinander ausspielen auch nicht. Hungernde Kinder in Afrika sollten nicht dafür herhalten müssen, die Probleme von Kindern in Deutschland zu verharmlosen.

In Deutschland ist es eher unwahrscheinlich, dass jemand an Hunger stirbt. Hier gilt als arm, wer beim allgemeinen Lebensstandard nicht mithalten kann. In Lenas Beispiel zeigt sich die Armut daran, dass die Familie sich keinen Urlaub, keinen Restaurant- oder Kino-Besuch oder keine Kinderbetreuung leisten kann. Lenas Mutter muss oft nachmittags arbeiten, bei den Hausaufgaben kann sie also selten helfen. Und falls Lena sich mit dem Lernen schwer tut, wird sie nicht, wie viele ihrer Mitschüler, mit Nachhilfe rechnen können. Für Kinder aus besser gestellten Familien ist das selbstverständlich. Sie haben also bei ähnlichen Fähigkeiten in der Schule die besseren Chancen.

Schlechte Schüler könnten ihre Schlampigkeit also prima begründen. Sie müssen nur sagen: »Ich kann nichts dafür, es sind die Verhältnisse, die mir das Lernen so schwer machen.« Man merkt es gleich, so ein Satz taugt höchstens als faule Ausrede. Kein Mensch ist nur das Ergebnis seiner Erziehung oder nur eine Ansammlung angeborener Eigenschaften. Sonst wären die

Menschen ja ferngesteuerte Roboter. Genau das Gegenteil aber ist der Fall: Jeder kann sein Leben selber in die Hand nehmen. Nur: der eine hat bessere, der andere schlechtere Startbedingungen.

Ein guter Schulabschluss ist immer noch die beste Grundlage für den Beruf. Die meisten Chancen verspricht eine breit angelegte Ausbildung, die Türen zu vielen Berufen öffnet. Denn manchmal fallen Arbeitsplätze einfach weg. Als man von Dampf- auf Elektroloks umstieg, brauchte man keine Heizer mehr. Als der Bleisatz abgeschafft wurde, erging es den Setzern schlecht, so wie auch den Bergarbeitern, als niemand mehr Kohle zum Heizen brauchte. Ganze Berufsgruppen standen plötzlich auf der Straße.

Arbeitsplätze können also verloren gehen, abgebaut oder modernisiert werden. Deshalb ist es wichtig, dass man nicht nur über ein Gebiet Bescheid weiß, sondern eine Ausbildung hat, die vieles umfasst und in der man gelernt hat zu lernen. Das ist der beste Schutz vor einer längeren Arbeitslosigkeit.

> **STEMPELN GEHEN**
>
> So sagte man früher, wenn jemand arbeitslos wurde. Jede Woche musste man sich per Stempel die Arbeitslosigkeit bescheinigen lassen. Ohne Stempel bekam man kein Arbeitslosengeld.

Entwicklungshilfe aus dem Irak

Wer arm ist, hat also in der Schule gepennt und war zu faul, etwas Ordentliches zu lernen? Wer das sagt, ist dumm, auch wenn er eine Eins in Mathe hat. Denn erstens haben wir ja schon eine kleine Vorstellung davon bekommen, dass manche Kinder mehr und andere weniger gefördert werden. Zweitens kommt es auf Talent oder Gesundheit an, die dem einen geschenkt werden, dem anderen nicht. Und drittens ist es enorm wichtig, in welchem Land und in welcher Zeit man geboren wurde.

Wer in Deutschland geboren ist, hat Glück im Vergleich zu jemandem, der im afrikanischen Äthiopien auf die Welt kam, im Wüstenstaat Mali oder im Irak. Das sind Länder, in denen heute die Mehrheit der Bevölkerung in bitterer Armut lebt. Vor 10 000 Jahren jedoch sah das anders aus. Da war in Äthiopien oder Mali, so vermutet man jedenfalls, die Landwirtschaft schon viel weiter entwickelt als bei uns. Und hätte vor 10 000 Jahren auf dem Gebiet des heutigen Irak, in der Ost-Türkei oder Syrien jemand gehört, dass einmal aus diesen Regionen Menschen der Arbeit wegen in das Gebiet des heutigen Deutschlands flüchten würden, dann hätte der wahrscheinlich nur ungläubig den Kopf geschüttelt. Die Deutschland-Gegend der Welt war damals nämlich völlig rückständig, da zogen Hinterwäldler herum, die von Ackerbau und Viehzucht keine Ahnung hatten. Das heutige Europa war Entwicklungsgebiet, Dritte-Welt-Gegend. Erst eine gewisse Entwicklungshilfe aus dem fruchtbaren Vorderasien gab der Landwirtschaft Griechenlands, Italiens oder Deutschlands den nötigen Anschub. Das Starterpaket bestand vor allem aus Getreide, Hülsenfrüchten und Vieh. Das war der Grundstock für unsere heutige Landwirtschaft.

Waren unsere frühen Vorfahren bis dahin also unfähig? Irgendwie spukt ja immer in den Köpfen herum, dass arme und rückständige Völker einfach nicht intelligent genug sind, um reich zu

DIE JUNGE LANDWIRTSCHAFT

Schätzungsweise sieben Millionen Jahre lang haben wir Menschen uns ausschließlich von Wild und Wildpflanzen ernährt. Erst in jüngster Zeit verbesserten wir unsere Nahrungsproduktion so sehr, dass die gleiche Fläche zehn bis hundert Mal mehr Menschen ernährt als im Jäger- und Sammler-Zeitalter. Vor etwa 10 000 Jahren fing diese Entwicklung an. Landwirtschaft und Viehzucht bilden ein sehr kurzes Kapitel in der bisherigen Menschheitsgeschichte.

werden. Viel mehr als mit dem Grips hatte die Frage von Arm und Reich aber mit dem Regen zu tun.

Vor 10 000 Jahren war der heutige Nahe Osten ein fruchtbares Gebiet mit Flüssen und Wäldern, das sich bestens für Bepflanzung und Viehhaltung eignete. Es hatte jedoch einen schweren

WO MILCH UND HONIG FLOSS

Im Zweistromland zwischen den beiden Flüssen Euphrat und Tigris soll der biblischen Überlieferung nach das Paradies gelegen haben. Dort auf dem Gebiet des heutigen Irak gibt es die frühesten Anzeichen für einen planmäßigen Anbau von Nutzpflanzen und die Zähmung und Haltung von Tieren. Wie man so etwas herausbekommt? Indem man die Siedlungsspuren, die man bei Ausgrabungen findet, untersucht und ihr Alter durch Messung von Kohlenstoffanteilen in pflanzlichen und tierischen Nahrungsresten bestimmt.

Nachteil: Es regnete nicht viel, die Pflanzen konnten nicht sehr schnell nachwachsen. Und von Ökologie und den schlimmen Folgen der Umweltzerstörung wusste man damals auch nichts. Erst wurden die riesigen Wälder abgeholzt, dann fraßen die Ziegen das Gras ratzekahl weg, und am Ende versandeten ehemals fruchtbare Täler.

In Europa hatte man dagegen Glück. Es fiel mehr Regen, und die Pflanzen wuchsen schneller. Europa holte so seinen Jahrtausende-Rückstand auf.

Auch der Zufall macht Geschichte

Dass ein Land mächtiger und reicher wird als ein anderes, hängt also mit dem Klima zusammen, auch mit den Schätzen, die sich in seinem Boden verbergen, und es hängt davon ab, wie man vor den Zeiten der Auto- und Eisenbahnen von einem Teil des Landes in einen anderen kam. Lagen hohe Berge dazwischen, die man mühsam überwinden musste, dauerte es länger, bis sich wunderbare Erfindungen herumsprachen. Je dichter ein Gebiet besiedelt war und je schneller die Neuigkeiten durchgegeben werden konnten, desto rascher entwickelte es sich. Manchmal hing es aber auch davon ab, wie schnell Könige und Königinnen die Zeichen der Zeit begriffen. Eine einzige Entscheidung konnte weitreichende Folgen haben.

So hatten die ersten drei Herrscher abgewinkt, als Kolumbus bei ihnen anfragte, ob sie ihm den Auftrag und das Geld zur Erforschung des Seewegs nach Indien geben wollten. Erst der vierte unter den Königen und Fürsten war bereit, ihm die Schiffe für seine Reise zu finanzieren. Also machte der Italiener Kolumbus sich im Auftrag der spanischen Krone auf den Weg und landete vor mehr als 500 Jahren in Amerika. Eine Entdeckung, die für Europa weitreichende Folgen hatte und Spanien zunächst einmal sehr reich machte.

Hätte Kolumbus am chinesischen Hof angeklopft, wäre Amerika nicht so schnell entdeckt worden, denn in China war die Hochseeschifffahrt nach einem Machtkampf zwischen zwei Cliquen im 15. Jahrhundert sogar gesetzlich ver-

1492

Christoph Kolumbus hatte einen weiten Weg zurückzulegen. Am 3. August 1492 segelte der gebürtige Genueser los. Vier Monate später legte er auf den Bahamas an. Er pendelte insgesamt viermal zwischen dem europäischen und dem amerikanischen Kontinent hin und her und glaubte bis zu seinem Tod, er habe den westlichen Seeweg nach Indien gefunden.

boten worden. Hätte China sich mit Entdecker-
Ehrgeiz auf den Seeweg gemacht, wer weiß, wie
anders seine Geschichte dann verlaufen wäre.
Die großen Schiffe segelten nun allerdings unter
anderen Flaggen. Und später teilten die Spanier,
Portugiesen, Engländer, Holländer, Franzosen,
Belgier, Italiener, schließlich auch die Nordamerikaner und die Deutschen die Welt untereinander auf. Um ihre Eroberungen führten sie
auch blutige Kriege gegeneinander.

DIE NEUE WELT

Nordamerika begann als
europäische Kolonie. Doch im
Unterschied zu anderen Kolonien
brachten es die europäischen
Auswanderer, die sich in der Neuen
Welt ansiedelten, ziemlich bald zu
wirtschaftlicher Unabhängigkeit.
Die Siedler verdrängten die Indianer
von ihrem Land und schufen sich
hier ihr besseres Europa.
1783 erkannte Europa die Unabhängigkeit der Vereinigten Staaten an.
Hundert Jahre später rückten die
Nordamerikaner selber als
Kolonialherren in den pazifischen
und karibischen Raum aus.

Sie überfielen andere Völker, übernahmen die
Macht, versklavten die Menschen, ließen sie
für sich arbeiten oder verschleppten sie in andere Weltregionen, sie besetzten die besten Böden
und bedienten sich bei den Schätzen des Landes. Dieses Vorgehen nennt man Kolonisation.
Die Kolonisation und Einverleibung anderer

Länder ist eine der Grundlagen des europäischen Reichtums. Der Reichtum hielt bei den
einzelnen Nationen unterschiedlich lange vor.
Man fragt sich sogar, ob diese Art des plötzlichen
Wirtschaftswunders dem einen oder anderen
Land nicht auch geschadet hat. Für die Kolonien
war die Unterwerfung auf jeden Fall prägend.
Die meisten der früheren Kolonialgebiete gehören auch heute noch zum armen Teil der Welt.

Mittlerweile haben sich fast alle Kolonien die
Unabhängigkeit vom Mutterland erkämpft oder
die Kolonialherren sind sogar freiwillig wieder
abgezogen. Also alles wieder in Butter? So einfach ist es nicht. Die Kolonialzeiten sind zwar
vorbei, aber viele Probleme sind geblieben und
neue hinzugekommen.

Was ist an der Banane so krumm?

Vor etwa hundert Jahren bestimmte die United
Fruit Company, eine der großen amerikanischen Handelsketten, den Bananenhandel. Ihr
gehörten riesige Bananenplantagen in Mittel-
und Südamerika, und sie beherrschte den US-
amerikanischen Markt. Diese Company begrün-
dete ihr Imperium, das bald die Länder Costa
Rica, Honduras, Guatemala, Nicaragua, Panama
und Kolumbien umschloss, auf einer Geschäftsidee: Die Company baute Eisenbahnlinien, als
Dankeschön bekam sie von den Regierungen riesige Bodenflächen überschrieben.

So konnte sie Bananen anbauen und zugleich
den Abtransport besorgen. Ihr gehörten die Plan-

**UNITED FRUIT
COMPANY**

1871 begann Minor Copper Keith mit
dem Bau einer Eisenbahnstrecke
durch Costa Rica. Der Erfolg lag für
ihn jedoch neben der Strecke.
Er baute hier Bananenstauden zur
Ernährung der Arbeiter an.
Das war der Beginn eines
Erfolgsmodells, das später als
»Chiquita« bekannt wurde.

tagen – mit dem wachsenden Geschmack an Bananen wurden es immer mehr –, die Bahnlinien, die Elektrizitätswerke – und auch die Erntearbeiter. Denn wenn die Erntearbeiter gegen ihre schlechten Arbeitsbedingungen aufmuckten, standen amerikanische Truppen im Land. In Honduras geschah das allein im ersten Viertel des vergangenen Jahrhunderts vier Mal. Die Company hatte so viel Macht und Einfluss, dass sie einen Staat im Staate bildete. Wollte

SOLIDARITÄTSPREIS

Mittlerweile haben sich kleine Bananen- oder Kaffeeproduzenten in den armen Ländern zusammengeschlossen, sie werden von gemeinnützigen Vereinen im Ausland und auch schon von Handelsketten unterstützt. Über sie kommen die Bananen oder die Kaffeebohnen in die hiesigen Läden. Sie sind zwar teurer als die Produkte der großen Konzerne, man zahlt gewissermaßen einen »Solidaritätspreis«, einen Unterstützerpreis. Dafür fließt jedoch ein Teil des Erlöses in höhere Löhne und bessere Arbeitsbedingungen der Erntearbeiter.

eine Regierung die Landverteilung neu regeln und der amerikanischen Handelsgesellschaft Land abnehmen, um ihre eigenen Bauern besser zu stellen, dann war das der letzte Reformversuch in ihrer Regierungszeit.

In Guatemala brachte der Konzern Mitte der fünfziger Jahre die Regierung zu Fall. Danach verschlechterte sich die politische und wirtschaftliche Situation im Land zunehmend; Guatemala wurde zu dem, was man »Bananenrepu-

blik« nennt. »Bananenrepublik« spielt auf die
Macht der Bananenkonzerne an und auf die
Abhängigkeit und Bestechlichkeit von Politikern,
die sich diese Ergebenheit mit viel Geld vergolden lassen und riesige Vermögen ins Ausland
schaffen, ohne sich um Not und Elend der Bevölkerung zu kümmern.

Man könnte genauso gut von Kaffeerepubli-
ken oder Kakaorepubliken oder Tabakrepubliken
sprechen. Denn das Bananen-Modell funktioniert auch mit anderen Erzeugnissen.

Immerhin, so betonen die einen, verschafft der
massenhafte Anbau von Handelsgütern vielen
armen Menschen Arbeitsplätze. Ohne die sähe
es ja noch schlimmer für sie aus! Andererseits
bezeichnen Kritiker den Preis für die Arbeitsplätze als sehr hoch. In den letzten Jahrzehnten hätten sich die Lebensbedingungen im größten Teil
Afrikas und Lateinamerikas keinesfalls verbessert, sondern verschlechtert. Die armen Länder
machten sich untereinander auf dem Weltmarkt
Konkurrenz, drückten gegenseitig die Preise für
Bananen, Kaffee oder Kakao. Das verschlimmere
die Arbeitsbedingungen noch und führe zu einem
erbarmungslosen Raubbau und zum ökologi-
schen Ausverkauf der Natur.

VON KAFFEE ZU CHIPS

Das kleine zentralamerikanische Land
Costa Rica hat sich zu einem
Schwellenland entwickelt. Es steht auf
der Schwelle zwischen der armen und
der reichen Welt. Neben Kaffee- und
Bananenplantagen hat Costa Rica
mittlerweile auch eine High-
Tech-Industrie. Der Computer-
Chip-Hersteller Intel baute eine seiner
modernsten Fabriken auf einer
ehemaligen Kaffeeplantage.

Die Krisen der Reichen

Da die Arbeitskräfte in den Arme-Welt-Ländern
billiger sind als in den Industrienationen, haben
mittlerweile viele Unternehmen ihre Fabriken
in diese Länder verlegt. Die meisten Kleider,

auch der teuersten Marken, werden in Osteuropa, Südostasien oder Südamerika hergestellt. In Deutschland haben fast alle Textilfirmen ihre Näherinnen und Fabrikarbeiter entlassen, weil sie ihnen zu teuer sind. Dafür stellen sie in Bolivien, Südkorea oder in Tschechien billigere Arbeitskräfte ein. So wenig Geld wie möglich soll für die Herstellung ausgegeben werden. Das schafft höhere Gewinnmöglichkeiten, macht die Unternehmer reicher und die Kleider für Westeuropäer und Nordamerikaner billiger.

In den Billiglohn-Ländern wird die Armut verringert, in den reichen Ländern werden viele Produkte zwar billiger, aber es vermehren sich die Arbeitslosen. Die Verlagerung der Arbeitsplätze über die ganze Welt gehört zu dem, was heute unter dem Begriff »Globalisierung« verstanden wird.

Die zentrale Geld- und Machtfrage für Konzerne und Industriestaaten hängt zur Zeit am wichtigsten Treibstoff der Welt: dem Erdöl. Es ist flüssiges Gold. Experten sagen voraus, dass die Öl- und Gasvorräte noch etwa vierzig Jahre reichen werden. Am Kaspischen Meer lagert noch viel Öl im Boden – oder im Irak. Im Kampf um solche Vorräte entwickelte sich immer schon viel kriegerische Energie. Denn von den Ölvorkommen in den arabischen Ländern hängt die Energieversorgung der westlichen Welt ab. Ohne diese Energie funktioniert die heutige Wirtschaft nicht, die den westlichen Reichtum garantiert.

Wir wissen nun, dass man in einem reichen Land arm sein und in einem armen Land reich werden kann. Dass Reichtum, aber auch Armut erblich sein können. Dass manchmal die Bereit-

schaft zur Gewalt über den Reichtum entscheidet. Und dass oftmals vom puren Zufall abhängt,
ob man zu den armen Schluckern oder den be-
günstigten Reichen gehört. Unser Ein-Million-
Dollar-Mann zu Beginn unserer Geschichte
kennt beide Seiten dieses Zufalls. Und ihm passierte dabei etwas Unglaubliches: Kaum hatte er
Geld, brauchte er es nicht mehr. Er hatte das
Glück, ohne einen Cent auszugeben alles zu bekommen, was er nur wollte. Ist doch eine schöne
Vorstellung.

ZIGARETTENWÄHRUNG

Nach dem Zweiten Weltkrieg
herrschte in Deutschland großer
Mangel an Lebensmitteln und an
anderen Gütern. Geld gab es
zwar genug, aber es war nichts
mehr wert. Zigaretten waren
knapp und sehr begehrt. Eine
Zeit lang übernahmen sie die
Rolle des Geldes. Ein Päckchen
kostete damals um die 900
Reichsmark. 1948 kam dann die
Währungsreform, die DM löste
die RM ab und die Zigaretten-
währung sich in Luft auf.

Warum kann man das Geld nicht abschaffen?

Warum ist dann noch niemand auf die Idee gekommen, dass Geld völlig überflüssig ist? Es
unterscheidet zwischen Arm und Reich, aber
wozu ist es sonst noch gut? Versuchen wir uns
einmal vorzustellen, was passierte, wenn wir das
Geld abschafften. Wenn es kein Geld mehr gäbe,
gäbe es dann keine Ungleichheit und keine Ungerechtigkeit mehr? Und alle wären zufrieden
und lebten glücklich bis ans Ende ihrer Tage?

Für die Jäger und Sammler vor zehntausend
Jahren war nichts anderes als eine Gesellschaft
ohne Geld denkbar. Allerdings lagen damals keine fertig geschliffenen Feuersteine in den Super-
marktregalen und auch keine vorgegrillten Mam-
mutkeulen in den Tiefkühltruhen. Man konnte
sich weder Haushaltsgegenstände noch Fertig-
kost kaufen, man musste sich mühsam erarbei-
ten, was man zum Leben brauchte. Man jagte
Wild oder klaubte sich die Fleischreste zusam-

men, die die Raubtiere hinterließen, und sammelte außerdem noch Beeren oder Wurzeln. Wenn jemand zu schwach oder ungeschickt für diese Nahrungsbeschaffung war, starb er eben und die Kinder gleich mit. Das entspricht auch nicht gerade unserer Vorstellung von Gerechtigkeit und menschlicher Gesellschaft, dass die Schwachen einfach auf der Strecke bleiben.

Wenn mehrere Menschen zusammen leben oder als Horde durch die Gegend ziehen, erweisen sich mit der Zeit unterschiedliche Fähigkeiten als nützlich. Der eine ist stark, die andere schnell, der dritte hat gute Augen. Man kann sich also entsprechende Aufgaben aussuchen, sich auf bestimmte Arbeiten spezialisieren: Der eine baut Waffen, der andere jagt, und der dritte bewacht das Lager. Zigtausend Jahre später hätten die drei für ihre Arbeit Geld bekommen. Damals aber konnten sie damit gar nichts anfangen. Mit Geld als Lohn für Arbeit wären sie angeschmiert gewesen und in ihrem Alltag keinen Zentimeter weiter gekommen. Doch wenn jemand eine Pfeilspitze zu viel hatte und ein anderer ein Fell übrig, dann konnte man tauschen. Man tauschte höchstens mal ein Ding gegen das andere. Dazu brauchte niemand Geld.

In den frühen Nomaden-Gesellschaften, als die Menschen noch auf der Suche nach Nahrung herumzogen, spielte Eigentum keine große Rolle. Das Zusammenleben der Nomaden war eher das von Gleichen unter Gleichen. Erst als die Menschen sesshaft wurden, Ackerbau und Viehzucht betrieben, Vorräte anlegten und nicht mehr vom Jagdglück und dem Sammeln von Früchten abhängig waren, begann etwas völlig Neues:

PAPIERGELD

Im 9. Jahrhundert nach Christi Geburt kam in China das erste Papiergeld auf. Es waren keine vorgedruckten Scheine, sondern Briefe, in denen sich jemand verpflichtete, eine bestimmte Summe zu zahlen. In Europa entwickelten sich im 16. Jahrhundert die ersten Schuldscheine. Erst zweihundert Jahre später gab es dann Banknoten in der heute üblichen Form. Das Papiergeld ist also noch gar nicht so alt, und sein Werdegang zeigt, wie sich das Geld von der reinen Recheneinheit zum staatlichen Zahlungsmittel weiter entwickelte.

TAUSCHHANDEL

Man spricht vom direkten Tausch oder Naturaltausch, wenn kein Geld im Spiel ist. Beim Fußballkarten-Tausch oder in einfachen Gesellschaften geht das in der Regel auch ganz gut.

Es bildeten sich Spezialisten heraus. Der eine baute Korn an, der andere transportierte es, der Dritte verkaufte es und der Vierte passte auf, dass niemand übers Ohr gehauen oder beklaut wurde. So hatte jeder nun ganztägig eine Aufgabe zu erfüllen, von der er aber auch satt werden musste. Was die Sache noch komplizierter machte: Es waren ja nicht nur verschiedene Dinge, wie etwa Getreide und Äpfel, sondern auch Dinge, die gegen Dienste getauscht werden sollten. Man brauchte einen Maßstab für diese unterschiedlichen Güter. Etwas, dessen große Spezialität es ist, schwer Vergleichbares zu vergleichen: das Geld nämlich.

Bevor die ersten Münzen geprägt wurden, hatte man schon vielerlei Zahlungsmittel durchprobiert. Steine, Salz, Felle, Muscheln oder Edelmetalle wie Gold und Silber. Das Material musste selten sein, es durfte nicht schnell verderben und nicht zu unhandlich sein. Sehr viel später konnten sogar Zigaretten zeitweise diese Rolle übernehmen.

Man muss sich nur mal vorstellen, jemand versuchte, an der Kasse im Supermarkt mit Zigaretten zu zahlen. Die Kassiererin würde denken: Der hat einen Vogel. Und der nächste bezahlte ebenfalls nicht mit den handlichen Euro-Münzen und -Scheinen, die in dieser kleinen Tasche namens Geldbeutel stecken, sondern kippte einen Sack Muscheln vor der Kassiererin aus. Ein anderer Kunde schleppte einen Beutel Salz, wieder einer riesige runde Steine an. Die Kassiererin hätte ihre liebe Not, mit so vielen verschiedenen Zahlungsmitteln klarzukommen. Dauernd müsste sie in Listen mit den Kursen für Steine, Metalle oder Salz blättern. Und wenn dann jemand mit einem zu großen Klumpen Gold bezahlte, müsste sie als Rückgeld vielleicht Muscheln rausgeben. Und dieses ganze Hin und Her wäre noch viel komplizierter als die Umrechnerei von D-Mark auf französische Franc oder italienische Lire in Vor-Euro-Zeiten. Kein Laden könnte es sich bei solchen Verhältnissen leisten, auch nur eine Stunde am Tag zu schließen, und das Rechnen wäre mit Sicherheit die wichtigste Tätigkeit der Welt.

Geldscheine oder Münzen sind also sehr praktisch. Man muss sie nicht wiegen, man muss sie nur zählen. Auf die Idee, das Geld zählbar oder zählsicher zu machen, musste jedoch erst mal einer kommen. Die Menschen hatten sich schon einige tausend Jahre anders durchgewurstelt und immer wieder kräftig bei den Gewichten und den Anteilen der edlen Bestandteile ihrer

DIE HELFER BEIM TAUSCH

Dinge, die es wie Sand am Meer gibt, eigneten sich nicht als Vorformen des Geldes. Das Naturalgeld musste etwas sein, was selten und begehrt war. Wo Salz selten vorkam, wurde Salz zum Zahlungsmittel. Andernorts machte man Felle, tierische Zähne, Elefantenhaare, Muscheln oder Schneckenhäuser, selbst Käferbeine und schwere Steine zum Maß der anderen Dinge.

LYDIER – NIE GEHÖRT?

Wo bitte liegt Lydien? An der türkischen Westküste. In Lydien kam man zum ersten Mal auf die Idee, Edelmetall mit einem Wertvermerk zu versehen. Einer der berühmtesten lydischen Könige war ein gewisser Krösus. Wie der Name noch heute sagt, muss er sehr reich gewesen sein.

Zahlungsmittel geschummelt. Und auch als die Ersten, die Lydier in Vorderasien, vor knapp 2700 Jahren auf die Idee kamen, Münzen herzustellen, konnte niemand sicher sein, dass nicht der Vorbesitzer schon ein wenig vom Gold oder Silber abgeschabt hatte. Es sei denn, man wog die Münze, die übrigens wie eine knubbelige Bohne aussah.

Später begann man, die Münzen zu prägen, ihnen einen Stempel aufzudrücken. Der wurde noch später durch den Kopf des Herrschers ersetzt, in dessen Hoheitsgebiet die Münze als Währung galt.

Mit der Erfindung des Geldes, erst recht des Papiergeldes, wurde das Reichsein einfacher.

Aber lassen sich Armut und Reichtum abschaffen, indem man das Geld abschafft? Ohne Geld würde die Gesellschaft ganz anders aussehen. Die Arbeitsteilung würde nicht funktionieren.

Jeder müsste wieder zu einer Art Selbstversorger werden, und niemand hätte Zeit, Maschinen zu bauen, die fliegen oder Äcker umgraben oder Nudeln herstellen können. Noch entscheidender aber wäre, wenn die gesamte Erde nur noch aus vielen kleinen Selbstversorger-Einheiten bestünde, dann könnte sie gar keine sechs Milliarden Menschen ernähren. Die Nahrungsmittelproduktion wäre viel aufwändiger und unwirtschaftlicher als in einer Gesellschaft voller Spezialisten.

Das Geld sollte man also möglichst nicht abschaffen. Ohne Geld wären wir zwar alle etwas gleicher, aber insgesamt sehr viel ärmer. Und wenn man per Gesetz alle Euro-, Dollar- und sonstigen Scheine verbieten würde, käme sofort irgendein Geldersatz daher. Man müsste also auch das Bezahlen verbieten. Dann nähme sich also einfach jeder, was er braucht, aber bald fehlte es an allem Lebensnotwendigen.

Warum kann man nicht mehr Geld drucken?

Warum nicht eine andere Lösung des Arm-Reich-Problems suchen? Wie wäre es, wenn man einfach mehr Geld druckte? Jeder Mensch auf der Welt bekäme dann so viele Scheine und so viele Münzen, wie er braucht – und auf einen Schlag wären alle reich. Das Ganze hat leider einen kleinen Schönheitsfehler. Geld kann vielleicht zaubern, indem es ganz unterschiedliche Dinge vergleichbar macht. Aber man kann nicht einfach durch mehr Geld auch mehr Dinge her-

GOLDSCHATZ ÜBERTRUMPFT

Früher richtete sich die Geldmenge nach der Größe des Goldschatzes, der im Zentralbanktresor ruhte, aber das ist schon lange her. Heute steuert ein Expertenrat die Geldmenge und versucht, die Wirtschaft stabil zu halten. Die Goldvorräte spielen dabei keine Rolle. Am ehesten noch hat der Dollar die frühere Aufgabe des Goldes übernommen.

INFLATION

Man erkennt sie daran, dass die Preise aller Waren sehr schnell ansteigen. Wenn es ganz schlimm kommt, können die Brötchen abends das Dreifache von dem kosten, was morgens für sie verlangt wurde. Man sagt auch: Das Geld verliert seinen Wert. Also versucht man, es loszuwerden und gegen Häuser, Gold oder Hühnerfutter einzutauschen.

beizaubern. Einfach mehr Scheine zu drucken löst vor allem eines aus: eine Inflation.

Man muss sich vorstellen, jeder Kunde bekäme beim Eintritt in den Supermarkt 100 Euro geschenkt, die er zusätzlich ausgegeben könnte. Die Regale würden sich sehr viel schneller leeren als sonst. Schon am nächsten Tag hätte der schlaue Filialleiter die Preise kräftig raufgesetzt. Wenn die Kunden nun wieder und immer wieder 100 Euro geschenkt bekämen, ginge es rasant so weiter. Die Regale leerten sich wie der Blitz, und die Preise kletterten nach oben. Bald wüssten die Kunden, dass es noch schlimmer kommen wird und bei so hoher Nachfrage Wurst und Schokolade bald ausgehen werden. Also fangen sie an, Dinge auf Vorrat zu kaufen, zu hamstern. Die Preise kletterten dann noch höher und in immer schwindelerregendere Höhen.

Während der großen Krise in den zwanziger Jahren des vergangenen Jahrhunderts stieg im Laufe eines halben Jahres der Preis für ein Pfund Butter von 13 000 Mark auf knapp drei Billionen Mark. Wer Geld auf der Bank hatte, war bei dieser galoppierenden Inflation angeschmiert. In den zwanziger Jahren hatte das schlimme Folgen. Das angesparte Geld verlor Tag für Tag an Wert, Arbeit lohnte sich kaum noch, weil der Lohn mit den rasanten Preissteigerungen nicht Schritt halten konnte. In solchen Krisenzeiten neigen viele Leute dazu, viel dummes Zeug zu glauben. Auf diese Weise kam in Deutschland Adolf Hitler und mit ihm der Nationalsozialismus an die Macht.

Wie viele Geldscheine in einem Land gedruckt und ausgegeben werden, das bestimmen übrigens in den westlichen Industrieländern nicht die Politiker, auch wenn sie das vielleicht gerne so hätten. Die Entscheidung über die Höhe der Geldmenge liegt bei den Zentralbanken, das sind die Banken, die alle anderen Banken mit Geld versorgen oder ihnen Geld leihen.

Einfach mehr Geld zu drucken ist also kein geeignetes Mittel, um die Unterschiede zwischen Arm und Reich abzumildern. Es führt zu Inflation, wirtschaftlichem und schließlich auch politischem Chaos.

Gleicher Lohn für alle?

Welche Möglichkeiten bleiben noch, um eine gerechtere Verteilung der Reichtümer zu erreichen? Geld abschaffen funktioniert nicht, mehr Geld drucken auch nicht. Wie wäre es also, wenn alle die gleichen Löhne bekämen: der Industriearbeiter verdiente dann so viel wie der Chefarzt. Dazu gibt es unterschiedliche Ansichten, die Chefärzte sind eher dagegen, die Industriearbeiter eher dafür. Wichtiger jedoch ist, dass es bislang noch kein Land der Erde gibt, in dem dieses Experiment geklappt hätte.

Alle bisherigen Versuche, allen den gleichen Lohn zu zahlen, sind gescheitert. Die meisten Menschen wundern sich darüber nicht. Sie sind der Meinung, besondere Leistung müsse sich lohnen. Jemand, der eine lange Ausbildung hinter sich hat, soll mehr Geld verdienen als jemand, der eine Arbeit macht, für die er nicht so viel lernen musste. Wenn der Lohn eines Auto-

DIE RASANTE TALFAHRT DES GELDES

Kaum vorstellbar, was sich 1923 in Deutschland ereignete. Die Inflation tobte. Die Arbeiter holten mittags ihre Löhne ab, weil sie am Abend noch weniger wert waren. Beim Hingucken änderten sich sozusagen die Preisetiketten, allein schon in der kurzen Zeit, die das Bezahlen der Butter dauert, verdoppelte sich ihr Preis oder verlor das Geld an Wert. Der US-Dollar wurde gegen vier Billionen Reichsmark eingetauscht, und die Inflationsrate in Deutschland wurde auf 750 Milliarden Prozent geschätzt.

DER SOZIALISMUS

Eine gerechte Verteilung des
Reichtums wollen die Sozialisten
mit einer klassenlosen Gesellschaft
erreichen.
Alle Menschen sollen gleich sein und
die Fabriken, Büros, Felder und
Bergwerke allen zusammen
gehören. Produziert wird in dieser
Gesellschaft nur noch, was die
Menschen brauchen, und nicht mehr
für die Gewinne der Unternehmer.
Die Versuche, die sozialistischen
Ideen umzusetzen, sind sämtlich
gescheitert. Russland, die
osteuropäischen Staaten und auch
die Volksrepublik China orientieren
sich mittlerweile an der
Marktwirtschaft.

mobilarbeiters auf Chefarztgehalt hochgesetzt wird, dann werden die Autos sehr teuer, und niemand will sie mehr kaufen. Der Autofabrikant wird versuchen, die Herstellungskosten zu senken und die teuren Arbeiter durch Roboter zu ersetzen. Damit sind dann keine Reichtümer gerecht verteilt, sondern Arbeitsplätze vernichtet.

In vielen Berufen ist es unmöglich zu errechnen, wie hoch der Ertrag der Arbeit und welches die richtige Bezahlung ist. Wer kann schon sagen, was die Arbeit eines Wissenschaftlers, der sich etwa mit alten Sprachen beschäftigt, volkswirtschaftlich bringt? Oder die eines Theologen? Auch in einer Wirtschaft, die sich am Markt mit Angebot und Nachfrage orientiert, kann nicht alles streng marktwirtschaftlich bemessen werden. Aber wonach sollen sich die Löhne richten? Nach dem gesellschaftlichen Nutzen, nach der Ausbildung, nach der Intelligenz oder der Kraft des Arbeitenden? Was ist da gerecht?

So ein richtig gerechtes System scheint man mit den Löhnen nicht hinzukriegen.

Vielleicht muss man auf andere Weise für Ausgleich und Gerechtigkeit sorgen. Möglicherweise taugt ja das St.-Martins-Prinzip etwas. Die Reichen geben den Armen und ernten dafür deren ewige Dankbarkeit.

Die Wohltätigkeit ist eine feine Sache, aber man kann sich nie auf sie verlassen, denn niemand ist dazu verpflichtet. Wohltätigkeit kann außerdem nur die schlimmste Not lindern. Man sieht es etwa an der Entwicklungshilfe. Mit Hilfstransporten kann ein erster Hunger gestillt werden, aber sie lösen nicht die Abhängigkeit der Menschen in den armen Ländern. Hilfe zur

Selbsthilfe und Unabhängigkeit, Hilfe beim Aufbau eines Schulsystems und von Arbeitsplätzen mit ausreichendem Lohn, das sind die wirkungsvolleren »Wohltaten«.

DIE DDR

In Ostdeutschland wurde nach dem Zweiten Weltkrieg unter sowjetischer Besatzung ein »Arbeiter-und-Bauern-Staat« errichtet. Held dieser Gesellschaft war der Arbeiter. Man sprach von der »Diktatur des Proletariats«, also der Herrschaft der Arbeiter. Die Arbeiter wurden zwar nicht schlecht bezahlt, aber sie hatten nur wenig Freiheiten. Sie durften nicht öffentlich Kritik am Staat oder der herrschenden Partei üben, nicht in den Westen ausreisen und viele wurden bespitzelt.
1989 war dieser Staat wirtschaftlich am Ende und brach nach Massendemonstrationen zusammen.

Auf die reine Spendenfreude zu setzen, um das Arm-Reich-Gefälle auszugleichen, war noch nie besonders klug. In einem Monat hat einer die Spendierhosen an, im nächsten plötzlich nicht mehr. Der Staat hingegen kann seine Einstellungen nicht wie Hosen wechseln. Er muss sich an Gesetze und Regeln halten. Er kann von den Reichen hohe Abgaben, also Steuern, kassieren und damit die Armen entlasten. Ein bisschen wie

TARIFVERTRAG

Wenn jeder den Lohn für seine Arbeit selber aushandeln müsste, wäre das schwierig und zeitraubend. Für ein und dieselbe Arbeit könnten völlig unterschiedliche Löhne oder Gehälter herauskommen. Damit die Höhe des Gehaltes nicht nur vom Verhandlungsgeschick des Einzelnen abhängt, gibt es Tarifverträge, und die werden regelmäßig von zwei mächtigen Interessenslagern neu ausgehandelt. Auf der einen Seite des Seiles ziehen die Gewerkschaften, die Arbeitnehmer-Vertretungen, auf der anderen die Arbeitgeberverbände. In den Tarifverträgen sind eine Menge Dinge geregelt: die Höhe des Lohnes für bestimmte Arbeiten, Arbeitszeit, Urlaub, Überstunden oder auch Lohnfortzahlung im Krankheitsfall.

Robin Hood. Die Reichen müssen durch einen staatlichen Robin Hood Verantwortung für die Armen übernehmen.

In Deutschland oder den skandinavischen Ländern ist man eher um eine gerechte Verteilung bemüht als in den USA. Man spricht in diesen Ländern von Sozialstaat und sozialer Marktwirtschaft. Deshalb stöhnen hier auch so viele über zu hohe Steuern, zu hohe Beiträge zur Rentenversicherung oder zu hohe Krankenkassen-Gebühren. Doch die Steuern und die Sozialabgaben bilden die Grundlage unseres Sozialstaats. Wer viel oder sehr viel Geld verdient oder geerbt hat, muss mehr Geld an den Staat zahlen als diejenigen, die wenig verdienen. Familien bekommen Kindergeld, und wer ohne Arbeit oder in finanzieller Not ist, erhält Arbeitslosengeld oder Sozialhilfe. Auf diese Weise bemüht sich der Staat um einen Ausgleich zwischen Arm und Reich.

In den USA regiert ein anderes Modell, man nennt es Neoliberalismus. Dort soll möglichst alles über den Markt geregelt werden, durch den freien Wettbewerb und ohne staatliche Eingriffe. Der Staat schafft vor allem gute Bedingungen für die Unternehmen: die Steuern werden gesenkt und die Umweltschutzauflagen klein gehalten. Es ist ein sehr leistungsorientiertes Modell. Ganz nach dem amerikanischen Traum: vom Tellerwäscher zum Millionär. Doch zum Überleben in den USA braucht man heute mindestens zwei Tellerwäscher-Jobs, und wer krank oder arbeitslos wird, bekommt wenig oder gar nichts vom Staat.

Allerdings ist auch der Sozialstaat à la Deutschland kein Muster, das eine Gesellschaft für alle Zeiten trägt. In unserer Gesellschaft gibt es immer mehr alte und immer weniger junge Leute. Die Alterspyramide, sagt man, stehe auf dem Kopf. Nach unserem Rentensystem müssen aber die Jungen für die Versorgung der Alten aufkommen. Wie soll das gehen?

Wenn das Geld knapp wird, müssen Politiker viele unangenehme Entscheidungen treffen. Zum Beispiel, ob sie die Renten oder doch lieber das Kindergeld einfrieren, ob sie Benzin höher besteuern oder die Vermögenssteuer anheben, ob sie den Unterricht für ausländische Kinder oder die Hochgeschwindigkeitsbahn streichen, ob sie Regierungsgebäude oder Krankenhäuser bauen, ob sie an Straßen oder an Bibliotheken sparen.

Und dann müssen sie die Entscheidungen und Einsparungen auch noch ihren Wählern schmackhaft machen. Die Bevölkerung reagiert bei den nächsten Wahlen darauf, und wenn ihr die Politik einer Regierung nicht gefällt, wählt sie sich eben eine andere, von der sie sich mehr erhofft.

Sicher ist jedenfalls, dass es nicht nur einen einzigen Weg aus der Armut und hin zu mehr Gerechtigkeit gibt. Die Ansichten zu Armut und Reichtum, zu Verantwortung und Eigeninteresse sind politische Weltanschauungen. Die Welt ist nämlich nicht nur in Arm und Reich, sondern auch in den Meinungen darüber geteilt, wie sich dieses Problem lösen ließe.

ARBEITSLOS – WAS NUN?

Wer arbeitslos wird, bekommt in Deutschland Arbeitslosengeld. Voraussetzung dafür ist allerdings, dass er in einem Zeitraum von drei Jahren mindestens ein Jahr gearbeitet und Sozialversicherungsbeiträge gezahlt hat. Das Arbeitslosengeld entspricht ungefähr 60 bis 70 Prozent des Nettogehaltes. Das ist das, was nach Abzug von Steuer, Kranken- und Sozialversicherung übrig bleibt. Wie lange man Arbeitslosengeld bekommt, hängt davon ab, wie lange man gearbeitet hat und wie alt man ist. Wenn man keinen Anspruch mehr auf Arbeitslosengeld hat, kann man Arbeitslosenhilfe bekommen, die liegt allerdings niedriger. Wenn dieser Anspruch aufgebraucht ist, bekommt man Sozialhilfe. Den Anspruch auf Sozialhilfe hat in Deutschland jeder, der sich nicht aus eigener Kraft helfen kann.

Warum lachen wir über Witze?

Die Frage ist wohl ein Witz, oder? Die kann doch jede und jeder beantworten: Wir lachen über Witze, weil sie komisch sind. Aber was ist schon komisch? Na, der Clown im Zirkus oder der Typ, der tagaus, tagein mit Gummistiefeln herumrennt und mitten im Autoverkehr auf der Straße die Angel auswirft. Die geplatzte Hosennaht, von der ihr Inhaber nichts weiß, ist komisch. Die Dummheit der Ostfriesen ist es, die Ahnungslosigkeit der Wessis oder Ossis und das Ferrari-Gehabe des Mantafahrers. Und komisch ist auch, dass man lacht, ohne überhaupt darüber nachzudenken. Jemand sagt oder macht etwas Lustiges oder Überraschendes, und ehe man sich versieht, schüttelt man sich und bricht in diese merkwürdigen Lachgeräusche aus, die in der Comic-Sprechblase als »Haha« dastehen. Aber es lachen nicht immer alle über das Gleiche. Männer lachen meist über andere Witze als Frauen, und während der eine sich ausschüttet vor Lachen, sitzt der andere mit gelangweiltem Gesicht da und denkt: Was bitte soll daran komisch sein?

Wenn ein Professor sich an einem brüllend heißen Sommertag während seiner Vorlesung über Witze plötzlich eine Wollmütze über den Kopf stülpt, ist das ziemlich komisch. Hermann Bausinger machte dieses Experiment und erntete einen Saal voller Lacher. Der Professor für Empirische Kulturwissenschaft ist unter anderem Witzforscher und lieferte uns für diesen Beitrag den Fach-, Sach- und Lach-Hintergrund.

Beginnen wir mit dem Schluss: Woran erkennt man einen Witz? Einen Witz, das wäre eine mögliche Antwort, erkennt man an den Lachern am Ende. Jedenfalls einen guten Witz erkennt man daran. Aber, kann man widersprechen: Über schlechte Witze wird oft mehr gelacht als über gute. »Gut« und »schlecht« ist hier nämlich kein echter Gegensatz. »Gut« meint zwar einen gelungenen Witz, einen 1a-Witz eben. Aber »schlecht« bedeutet in diesem Fall nicht einen 6d-Witz, sondern einen fiesen oder bösen Witz. Einen Witz, über den man mit schlechtem Gewissen lacht, weil er zum Beispiel grob ist oder auf Kosten von Minderheiten, etwa von Schwulen oder Ausländern, geht. Ein solcher Witz, der geschmackliche Grenzen überschreitet, kommt oft besser an als ein guter, stubenreiner. Also kann ein schlechter Witz durchaus witzig oder gelungen sein.

Der Trick beim Witz ist, dass er ganz bewusst Dinge durcheinander bringt. Wörter haben oft so viele Bedeutungen wie Häuser Etagen. Man glaubt, man befindet sich in der sechsten Etage, doch plötzlich wird einem der Boden weggezogen, man landet zwei Etagen tiefer – und zwar lachend auf dem Hintern.

Eins ist jetzt schon mal klar, bei so langen Erklärungen stellt sich Langeweile ein. Wie bei einem gähnlangweiligen Schulstoff. Und der Witz ist eigentlich genau das Gegenteil davon. Deshalb mag man Witze ja. Ein Witz kann gar nicht langweilig sein, denn er ist vor allem kurz und enthält möglichst kein Wort zu viel. Er ist eine kurze Erzählung mit einer überraschenden Wende am Ende. Man nennt sie Pointe, das ist Französisch und bedeutet: Spitze oder Stachel. Am Ende spitzt sich die Erzählung zum Komischen zu. Und witzig ist sie deshalb, weil sie Dinge, die eigentlich nicht zusammenpassen, überraschenderweise zusammenbringt.

DAS 18-MUSKEL-TRAINING

Kleine Kinder lachen ungefähr 400 Mal am Tag. Erwachsene nur noch 15 Mal. Dabei freut sich der ganze Körper, wenn wir lachen. Die Fähigkeit zu lachen ist uns allen angeboren. Wer sich richtig ausschüttet vor Lachen, bewegt allein im Gesicht bis zu 18 Muskeln. Die Schultern zucken, der Brustkorb bebt, das Zwerchfell hüpft und massiert Leber, Galle und Milz. Der Magen-Darm-Bereich wird kräftig durchgeknetet, die Verdauung gefördert. Unser Herz schlägt schneller, der Blutdruck steigt, und das Gehirn wird mit mehr Sauerstoff versorgt. Das hebt unsere Stimmung, stabilisiert unser Nervensystem und stärkt unser Immunsystem.

Worüber lachten Ritter und Hofdamen?

Auch wenn einem manche Witze uralt vorkommen, weil sie einen furchtbar langen Bart haben, im Mittelalter wurden sie gewiss noch nicht erzählt. Damals lachten die Leute über andere Dinge, ihre lustigen Geschichten werden

Schwank oder Schwänke genannt. Außerdem erzählte man sich eine Geschichte nicht nur, man spielte sie sich auch als kleine Theaterstücke vor, und der ganze Hof lachte darüber.

Ein Beispiel, das etwa 800 Jahre alt ist, geht so: Ritter Neidhart findet auf einer Wiese ein erstes Veilchen. Schnell bedeckt er das Blümchen mit seinem Hut und reitet zum Schloss. Er will seine

DAS GEZÄHMTE LACHEN

Ende des 16. Jahrhunderts war es bei feinen Leuten keineswegs angesagt, laut zu lachen. Lautes Lachen galt als vulgär, und vulgär war das Volk, die einfachen Leute. Am Hofe galt es auch als unmöglich, über Höhergestellte zu lachen. Wenn man lachte, dann nur nach unten, über das dumme Volk. Aber auch in diesem Fall musste man immer beherzigen: Bitte nicht laut lachen!

Herrin holen, die er tief verehrt, um ihr den ersten Frühjahrsboten zu zeigen. Nun hatte jedoch ein Bauer den Ritter beobachtet, den Hut aufgehoben, einfach sein großes Geschäft direkt auf die Blume gemacht und es hinterher wieder mit dem Hut bedeckt. Kurze Zeit später eilt der Ritter mit seiner Herrin zu dem stillen Ort zurück, entfernt freudestrahlend den Hut, und die Dame ist entsetzt. Diese Geschichte entspricht nicht der heutigen Witzform, ihre Pointe kündigt sich zu lange an, ihr fehlt das überraschende Ende. Aber auch an dieser Geschichte erkennt man ein wichtiges Moment vieler Witze: Zwei Welten prallen aufeinander – hier ist es die vornehme Welt des Hofes und die grobe der Bauern.

In einem anderen mittelalterlichen Schwank wird das Witzpulver schon zu Beginn mit einer Wortverwechslung verschossen, aber wenigstens gibt es hier einen kleinen Schlussgag. Ein fahrender Schüler (so nannte man die Studenten) stellt sich bei einer Bäuerin vor und sagt, er komme aus Paris. Die Bäuerin versteht jedoch »Paradies«, und da ihr Mann kurz vorher verstorben ist und sie ihn ebenfalls dort vermutet, gibt sie dem Schüler ein paar Kleidungsstücke und Nahrungsmittel für den Toten mit. Als ihr Sohn nach Hause kommt und von der Geschichte hört, sagt er zu seiner Mutter: Du blödes Rindvieh, wie konntest du nur! Er reitet dem Schüler also nach. Der hat sich mittlerweile die Sachen des verstorbenen Mannes angezogen. Als der Sohn ihn am Wegesrand bemerkt, fragt er, ob er einen fahrenden Schüler gesehen habe. Der Befragte bejaht dies und zeigt den Weg, den dieser angeblich eingeschlagen hat. Da es ein schwer zugänglicher Weg ist, bietet der Verkleidete an, er könne ja so lange auf das Pferd aufpassen. Und so ergaunert er sich das Pferd noch gleich dazu. Ein schöne Geschichte über die Dummheit des angeblich Klugen. Aber ein Witz im heutigen Sinne ist das nicht.

Witze sind nämlich gar nicht so uralt. Erst vom 19. Jahrhundert an werden sie nach heutigem Muster erzählt. Sie blühen vor allen Dingen in den Städten. Denn hier treffen sich viel mehr

KARIKATUREN

In der Mitte des 19. Jahrhunderts erscheinen in England und Frankreich die ersten gezeichneten Witze in Zeitschriften. Karikaturen heben bestimmte Merkmale hervor. Wehe dem Politiker, der eine große Nase hat! Sie wird in der Karikatur noch wachsen, ein dicker Mann noch dicker, eine hagere Frau noch dünner als in Wirklichkeit. Die maßlose Übertreibung ist jedoch nicht nur für den gezeichneten, sondern auch für den gesprochenen Witz wichtig. Ein bisschen dumm gibt es im Witz nicht, genauso wenig wie ein bisschen schwanger in der Wirklichkeit.

Leute als auf dem Land. Man redet ein paar Worte, geht weiter und nimmt einen neuen Witz mit. Einen Witz kann man gut im Vorbeigehen erzählen.

Ostfriesland besteht aus einem großen Stück deutscher Nordseeküste, an das sich die Inseln Borkum, Juist, Norderney, Baltrum, Langeoog, Spiekeroog und Wangerooge anschließen. Wahrscheinlich wissen nur die Ostfriesen all diese Inselnamen auf Anhieb und vollständig aufzuzählen. Alle anderen interessieren sich ja nicht für Einzelheiten Ostfrieslands, sie wollen nur hören, was sie eh schon wissen, nämlich dass die Ostfriesen angeblich blöd sind.

Warum sind die Ostfriesen so dumm?

Wenn es sie nicht schon gegeben hätte, hätte man sie erfinden müssen. Die Ostfriesen sind einer der lustigsten Volksstämme, die es gibt. Ganz Deutschland lacht über sie. Und das schon seit Jahren. Warum nur? Gründe gibt es viele: Weil sie eine Kuh melken, indem vier Mann die Zitzen festhalten und zwanzig Männer das Tier auf und ab bewegen. Weil sie eine Glühbirne festschrauben, indem einer sie in die Fassung hält und alle anderen den Tisch, auf dem er steht, drehen und drehen. Weil sie Erfindungen machen wie das doppelseitig benutzbare Klopapier. Die Ostfriesen sehen auch schrecklich aus, denn ihr Erscheinen am Deich führt dazu, dass das Meer Hals über Kopf die Flucht ergreift. So kam es zur Ebbe. Überall dürfen sich die Ostfriesen jedoch nicht austoben. Zum Beispiel ist es ihnen verboten, auf Fernsehtürme zu steigen. Da oben wollen sie nämlich immer nur das eine: Hubschrauber füttern.

Was die Ostfriesen im Witz so besonders komisch macht: Sie machen die unmöglichsten Sachen und wissen gar nicht, wie komisch sie sind. Im Gegensatz zum Komiker, der seine lustigen Einfälle auf die Bühne oder ins Fernsehen bringt, handelt der Ostfriese, ohne von seinem

Publikum zu wissen. Er tut, was er tun muss.
Und das ist immer das Dümmste, was man
machen kann. So sicher trifft der Ostfriese das
nur, weil er eine komplette Erfindung ist. Eine
Witzfigur eben, die auf ostfriesischem Gebiet
angesiedelt wurde. Niemand hat die anderen
Ostfriesen lange gefragt, ob sie seine Gesellschaft und damit selber Dummis sein wollen. Es
ist manchmal schwer zu kapieren, warum diese
oder eine andere Gruppe sich besonders zur
Komik eignet. Neid, Unwissenheit und auch
der Zufall spielen eine wichtige Rolle. Da Witze
vor allem erzählt, also von Mund zu Mund weitergegeben werden, weiß man meist nicht, wer
sie in die Welt gesetzt hat. Man kann also auch
den Erfinder nicht fragen, warum er diese oder
jene Gruppe für witztauglich hielt.

Für den Witz-Ostfriesen lässt sich allerdings
eine Geburtsstunde ermitteln. Erfunden wurde
er nämlich von einem Radiosender ganz im Norden Deutschlands, dem NDR. Und der hatte die
Idee eigentlich aus Dänemark abgekupfert. Die
Dänen lachten über die Aalborger, die Einwohner einer Stadt im Norden des Landes. Und sie

lachten so laut, dass man es auch im benachbarten Deutschland hörte.

Man musste nur die Geschichtchen über die Aalborger nehmen und sie in eine andere Gegend verpflanzen. Eben nach Ostfriesland. Vielleicht eigneten sich die Ostfriesen ja besonders zum Auslachen, weil man dachte, die da oben haben von nichts eine Ahnung und leben einfach hinterm Mond.

Warum ist Dummheit lustig?

Bei den Ostfriesen-Witzen weiß man genau, wie sie ausgehen. Immer schlecht für die Ostfriesen. Dummheit reizt zum Lachen. Dummheit ist komisch. Dummen passieren komische Dinge, weil sie einer Situation nicht gewachsen sind, nicht verstehen, worauf es ankommt. Sie tun und sagen immer das Falsche. Diejenigen, die einen Witz erzählen, und diejenigen, die zuhören und darüber lachen, zeigen so ihre Überlegenheit. Mann, sind die doof, sagen sie und wissen gleichzeitig, dass es so nicht stimmt. Dass es eben nur ein Witz ist und kein Ernst. Dennoch lacht es sich auf Kosten anderer besonders laut, weil man Spaß daran hat, sich über andere lustig zu machen. Gleichzeitig übertönt das Lachen das eigene schlechte Gewissen.

Jeder ist mal dumm und macht Dinge, über die andere lachen können. Auf der Welt wimmelt es nur so von Verwandten des Ostfriesen: Pechvögeln, Dummköpfen, Irren, Möchtegernen. Deshalb sind Ostfriesen-Witze auch vielseitig verwendbar. Man kann einen nehmen, vielleicht ein paar Kleinigkeiten austauschen, man muss noch nicht mal schütteln, und schon hat man einen Blondinen-Witz. Neues bringt die große Witzfabrik ohnehin nicht so oft zustande: Häufig werden alte Witze recycelt, also wiederverwendet. Ein Blondinen-Witz, der ganz nah am Ostfriesen-Witz ist, geht so: Wie viele Blondinen braucht man für einen Schokoladenkuchen? Antwort: zwei. Die eine rührt den Teig, die andere schält die Smarties. – Oder: Warum essen Blondinen keine Gewürzgurken? Weil sie den Kopf dann nicht mehr aus dem Glas bekommen. – Warum kriegen Blondinen keine Kaffeepause? Die dauert zu lang, danach müsste man sie wieder anlernen. – Na, das könnte dem Ostfriesen doch genauso passieren.

Was steckt hinter den Blondinen-Witzen? Frauenfeindlichkeit allein erklärt wohl nicht alles. Gut, der Verdacht liegt nahe, dass hübsche Frauen deshalb für dumm gehalten werden, weil das die weniger hübschen Frauen beruhigt und die Männer, die bei ihnen abgeblitzt sind, eine gute Begründung für ihren Misserfolg haben. Wenn man jemanden zum Dummchen abstempelt, fühlt man sich selber toll, klug, überlegen und lachbereit.

Blondinen bieten aber auch – und das verbindet sie mit anderen Witzfiguren – eine weitere Vorlage fürs Komische. Bei den meisten Blondinen stimmt etwas nicht, ihre Haarfarbe nämlich. Früher nannte man die unechten Blondinen nach dem damaligen Färbemittel: Wasserstoff-Blondinen. Wer etwas vortäuscht, was er oder sie eigentlich nicht ist – und sei es nur mit der Haar-

BLONDINEN BEVORZUGT

Blond ist wohl immer noch die beliebteste Haarfarbe. Die meisten Männer mögen blond lieber als brünett oder rothaarig, die meisten Frauen wollen ebenfalls am liebsten blond sein. Spätestens wenn die Haare grau werden, erblonden viele Frauen. Kein Zufall auch, dass die meisten Nachrichtensprecherinnen blond sind. Nach dem Motto: Die Nachrichten sind schon düster genug, da will man wenigstens einen erfreulichen Anblick bieten.

farbe –, bietet ein Angriffsziel und kann schnell lächerlich erscheinen. So ergeht es auch dem Mantafahrer. Der Manta wirkt wie ein verkleideter Sportwagen, sein Fahrer wie ein Rennfahrer auf einem Bobbycar. Oder wie ein kleiner Junge mit einer brennenden Zigarette. Er will cool und groß wirken und bewirkt genau das Gegenteil. Man sieht umso schärfer, wie weit er vom Erwachsensein entfernt ist und wie nötig er es hat, groß zu tun.

Die Mantafahrer wurden zum Gespött, weil sie unter dem dringenden Verdacht standen, sie wollten mehr scheinen, als sie sind. Mantafahrer und Blondinen geben damit im Witz ein richtiges Traumpaar ab. Nach dem Muster: einmal ausholen und gleich zwei Dumme treffen. Wie das geht? Zum Beispiel so: Was macht ein Mantafahrer mit einem Strohballen auf dem Beifahrersitz? Eine Ausfahrt mit Blondine.

FACHCHINESISCH

Diese Frage ist kein Witz. Was heißt auf Fachchinesisch: »Man lacht nicht überall auf der Welt gleich und über das Gleiche«? Antwort: »Die Hypothese der Universalität des Lachens kann durch einen Nachweis differenter Motive und Modalitäten des Vorgangs falsifiziert werden.« Und was heißt das bitte schön übersetzt?

Was sucht der Elefant im Kühlschrank?

Jeder hergelaufene Witz-Elefant würde eine Kinder-Uni-Aufnahmeprüfung vermutlich eher bestehen als die Witz-Blondine oder der Witz-Mantafahrer. Der Elefant ist, gemessen an diesen beiden, in seiner Mischung aus treudoof und clever fast schon klug.

Ein langer Elefantenwitz geht so: Wie bekommt man vier Elefanten in einen VW? Antwort: zwei vorne, zwei hinten. Woran erkennt man, dass ein Elefant im Kühlschrank ist? An den Fußspuren in der Butter. Woran erkennt man zwei Elefanten? An zweierlei Fußspuren in der Butter. Und drei Elefanten? Die Tür geht nicht mehr richtig zu. Woran erkennt man vier Elefanten? Am VW vor der Tür.

Der Elefant in diesem Witz redet nichts, er ist komisch durch bloße Anwesenheit. Er ist groß und quetscht sich an die unmöglichsten Orte. Ein Kühlschrank, ein VW, ein paar Elefanten und ein bisschen Butter, aus solchen verrückten Mischungen und größtmöglichen Gegensätzen werden Witze gebaut.

Die Blondinen sind trotz ihres völlig anderen Auftretens mit den Elefanten verwandt. Wie das? Beide sind Kunstfiguren, also erfundene Figuren. So wie sie im Witz geschildert werden, gibt es sie in Wirklichkeit nicht. Eigentlich weiß das auch

jeder. So kann es auch passieren, dass blonde Frauen Blondinen-Witze erzählen, ohne dabei rot zu werden oder sich ausgelacht zu fühlen. Das zeigt, wie sehr die Blondinen-Witze an den Haaren herbeigezogen sind.

Elefant und Blondine verbindet noch etwas: Beide Figuren wurden in den USA geboren. Von dort werden in regelmäßigen Abständen neue Witze nach Europa gespült. In Amerika kursieren viele Witze. Witze zur Begrüßung oder schlagfertige Antworten sind hoch angesehen. Manche Witze machen so sehr in einem Viertel die Runde, dass sie sogar danach benannt werden. Zum Beispiel gibt es die Wall-Street-Witze, die heißen so, weil sie im New Yorker Bankenviertel kursieren. Die Börsianer, Banker und Unternehmer, die da arbeiten, haben einen ähnlichen Sinn für Humor. Und da sich in ihrem Leben alles um Arbeit, Geld und Karriere dreht, spielt das auch im Witz die Hauptrolle. Da sitzt etwa ein Börsenmakler, also einer, der mit Aktien handelt, vor seinem Computer und studiert die aktuellen Kurse. Plötzlich tut sich neben ihm der Boden auf und der Teufel steigt heraus. Der begrüßt den Makler und schlägt ihm folgenden Handel vor: »Ab sofort weißt du immer einen Tag eher als alle anderen, welche Aktien am meisten steigen, alle Frauen werden dich lieben und alle Männer bewundern. Meine einzige Bedingung: deine Frau, deine Kinder und deine Mutter sollen auf ewig in der Hölle schmoren.« Daraufhin schaut der Makler vom Bildschirm auf und fragt den Teufel kurz: »Und wo ist der Haken?«

Nicht überall auf der Welt wird über das Gleiche gelacht. In den USA gehören die Rechtsanwälte zu den Witz-Serienhelden, in Deutschland lässt man sie hingegen in Ruhe. Vermutlich gibt es in den USA zu viele Rechtsanwälte, und vermutlich gelten sie auch als zu geschäftstüchtig. Viele der Witze behandeln vor allem die eine Frage: Wie beseitige ich einen Anwalt? – Einer fragt: Weißt du, wie man fünf Anwälte vorm Ertrinken retten kann? Der andere: Nein! Der erste daraufhin: Gut! – Oder: Was ist das? Sechs Anwälte stecken bis zum Hals im Sand? Antwort: Nicht genug Sand. – Oder: Was machst du, wenn du in einem Zimmer bist mit einem Tiger, einer Klapperschlange und einem Anwalt und nur zwei Kugeln im Gewehr hast? Richtige Antwort: Ich erschieße den Anwalt. Zweimal!

In Deutschland erzählt man sich dagegen Witze über Beamte, die von der Mehrheit der Bevölkerung um ihren sicheren Arbeitsplatz beneidet werden. Das Thema der Witze ist die Faulheit

FLÜSTERWITZE

Wenn eine Regierung jede Kritik unterdrückt, dann wird selbst das Erzählen von Witzen sehr gefährlich. Trotzdem kursieren gerade in Diktaturen viele Witze. Flüsterwitze nennt man sie, weil sie hinter vorgehaltener Hand oder im Freundeskreis erzählt werden. Lachen wirkt wie ein Ventil, man lässt allzu starken Druck ab, versucht, sich von Angst zu befreien, und vergewissert sich, dass das Gegenüber ähnlich denkt.

und Dummheit der Beamten. So stempelt ein Postbeamter den ganzen Tag nur Briefe. Da fragt ihn jemand: Ist das nicht langweilig? Nein, sagt er, es ist doch immer wieder ein anderes Datum. Oder dieser: Warum ist der 31. März ein wichtiger Stichtag für Beamte? Weil er das Ende des Winterschlafs und den Beginn der Frühjahrsmüdigkeit bedeutet. Noch einer gefällig? Was haben Beamte und Frösche gemeinsam? Antwort: Beide sitzen den ganzen Tag herum, quaken dummes Zeug und warten auf Mücken.

Große und kleine Witze

Pippi Langstrumpf wurde von Astrid Lindgren geschrieben, Paul Maar erfand das Sams und Harry Potter wurde von Joanne K. Rowling ausgedacht. Bei literarischen Figuren ist es in der Regel klar, wessen Werk sie sind. Aber bei Witzen? Alle Witze-Weitererzähler auf der ganzen Welt müssten eine Erklärung unterschreiben, in der steht: Hiermit verpflichte ich mich, vorm Erzählen jedes Witzes seinen Erfinder/ seine Erfinderin zu nennen. Bei Zuwiderhandlung (so lautet in Verträgen das Wort für Ungehorsam) kann eine Geldbuße in Höhe von (hier wäre der Betrag und die Währung des jeweiligen Landes einzusetzen) erhoben werden. Dann wüsste man sicher, wer den Witz erfunden hat.

Auch wenn man in der Regel nicht weiß, wer einen Witz ursprünglich mal komponierte, er fällt nicht wie eine Sternschnuppe vom Himmel. Es gibt Leute, die dem Witz beruflich sehr nahe ste-

hen. Zum Beispiel die Komiker und Kabarettis-
ten. Mit nur einem Fernsehauftritt können sie
einen Witz so richtig unters Volk bringen. Eigentlich hätten sie es ja verdient, als Witz-Erfinder
genannt zu werden, denn es ist bekanntlich sehr
schwer, einen guten Witz zu erfinden.

Manchmal aber plumpsen Witze fast schon in
die Welt hinein, weil etwas eingetreten ist, was
Witze mögen: unerwartete Situationen, große
Ereignisse, gemischte Gefühle. Der Fall der
Mauer und die Wiedervereinigung von Ost- und
Westdeutschland war für Deutschland eines der
ganz großen Ereignisse im letzten Jahrhundert –
und nebenbei ein Auslöser für viele, viele Witze.
Das Ereignis selber war nicht komisch, es weck-
te vor allem Erwartungen – im Osten hoffte man
auf Freiheit und im Westen auf Dankbarkeit.
Und wenn man lange auf etwas wartet und große
Hoffnungen hineinsteckt, wird man oft auch ein

DIE NS-LUMPEN

Auch im Nationalsozialismus
kursierten viele Witze. Zum Beispiel
dieser: Ein Mann trägt einen Koffer.
Kommt ein Polizist und fragt:
»Was haben Sie da drin?«
»Die Regierung«, antwortet der
Mann. »Wie bitte?« »Die Regierung.« Der Mann soll den Koffer
öffnen. »Das sind ja nur Lumpen!«,
schreit der Polizist. Darauf der Mann:
»Das haben aber Sie gesagt!«

kleines bisschen enttäuscht. Schon mal diese leichte Enttäuschung beim Auspacken der Weihnachtsgeschenke gespürt? Alles ist so, wie man es sich gewünscht hat, doch es gibt da so einen winzigen Stich, der sagt, im Traum war das Puppenhaus oder das Computerspiel viel schöner.

Im Westen blühten bald nach dem Mauerfall die Ossi-Witze und im Osten die Wessi-Witze. Das Vehikel, mit dem die Ossis verspottet wurden, war der Trabi. Man spottete über die Autos und meinte die Fahrer. Wie der Manta kein richtiger Sportwagen ist, so ist der Trabi in den Augen der Wessis kein richtiges Auto. Hier ein Beleg dafür: Kommt ein Trabi-Fahrer in die Werkstatt: Könnten Sie mir für meinen Trabi ein

Radio einbauen? Der Händler antwortet: Ja, da machen Sie aber einen guten Tausch.

Dieser Witz ist eigentlich noch ganz nett. Es gibt bösere Witze. Ossi und Wessi laufen am Strand entlang. Sagt der Wessi: Da vorne ist ja der Rettungsschwimmer, der mich heute Morgen vorm Ertrinken bewahrt hat. Sagt der Ossi: Ich weiß, er hat sich schon bei mir entschuldigt. – Genau dieser Witz ließe sich auch auf den amerikanischen Anwalt übertragen. Das Muster ist das gleiche. Wer die Hauptrolle im Witz bekommt, das hängt von den besonderen Bedingungen eines Landes oder einer Gruppe ab. In Japan würde man beispielsweise nie über das Missgeschick einer alten Frau lachen. In Europa lacht man mitunter ohne Rücksicht auf Verluste. In Japan ist Lachen in der Öffentlichkeit sowieso verpönt, da lächelt man lieber. Als Ausdruck von Unsicherheit oder Höflichkeit. Lautes Lachen gibt es nur im privaten Kreis. Der Sinn für Humor gleicht sich jedoch weltweit an, dazu tragen vor allem Kino und Fernsehen bei.

Ist Lachen ein Ausdruck freundlicher Gefühle?

In den Ossi- und auch den Anwaltswitzen ist wenig Freundlichkeit zu spüren. Man sagt ja auch: Schadenfreude ist die reinste Freude. Lachen bedeutet eben oft Auslachen, sich über jemanden lustig machen. Wenn zum Beispiel ein Affe die Zähne bleckt, ist das ein Zeichen seiner Angriffslust. Nun ist das nicht mit dem Lachen beim Menschen gleichzusetzen, aber von

DAS LÄCHELN

Lächeln ist wie eine in den Menschen eingebaute Entwarn-Anlage.
Mit Lächeln signalisiert man seinem Gegenüber: Ich bin ein Freund und komme in friedlicher Absicht!
Lächeln hat immer etwas Verbindendes, es ist schwer, sich ihm zu entziehen. Sein Vorbild ist das Lächeln zwischen Mutter und Kind.

EIN ENDE MIT LACHEN

Lachen hat auch etwas mit Spiel zu tun. Im Lachen bekommt man das, was man sich wünscht, und das, was man darf, ausnahmsweise einmal unter einen Hut. Wunschwelt und Kontrollwelt treffen hier zusammen, ohne dass die Fetzen fliegen. In der Regel sieht man solche Kämpfe allerdings nicht, weil sie sich im Innern einer Person abspielen. Beim Lachen jedoch sieht man deutlich, dass die aufeinander prallenden Welten sich in einem schönen Happyend vermählen.

Angriffslust ist auch beim Menschenlachen etwas zu spüren.

Die Clowns im Zirkus spielen mit der Schadenfreude der Menschen. Manchmal genügt schon ein Tritt eines Clowns in den Hintern eines anderen, untermalt von einem kräftigen Paukenschlag, und die ganze Kinderbande im Publikum lacht sich tot. Die Erwachsenen blicken, wenn sie nicht einem Kind zuliebe mitlachen, eher gelangweilt drein. Sie haben solche Nummern schon so oft gesehen und finden sie eher peinlich oder albern.

Sigmund Freud, der große Erforscher des Unbewussten, hat nach den Ursachen der Heiterkeit gesucht. Er fand sie im Unbewussten. Das Unbewusste ist wie eine tief im Menschen verborgene Schatztruhe. In ihrem Innersten steckt das Wilde, Ungezähmte jedes Menschen (die Triebe), aber darüber lagern haufenweise Dressurvorschriften mit Verboten oder Verhaltensregeln und Erlebnisse, die so schlimm sind, dass der Mensch sich nicht mehr an sie erinnern will. Alles, was da in der Truhe liegt, ist dem Bewusstsein entzogen, scheint vergessen, aber dennoch spielt es für das Verhalten des Menschen eine große Rolle. Diese Theorie hat Freud auch viel Kritik eingebracht. Manche sagen, das seien alles Behauptungen, niemand könne beweisen, dass es das Unbewusste wirklich gibt. Freud verwies auf die Träume, in denen es von verschlüsselten Botschaften aus der Schatztruhe wimmelt.

Immer wieder öffnet sich die Truhe, ohne dass ihr Inhaber etwas davon merkt oder es steuern kann. Aber er verhält sich so, dass ein geschulter Beobachter aus seinem Verhalten Rückschlüsse auf das verborgene Innere ziehen kann. So ist zum Beispiel auffällig, dass Kinder sehr gerne lachen, wenn es um Hintern, Verdauung und kleine oder große Geschäfte geht. Lautstarke Hintern-Tritte, Furze, Rülpser, In-die-Hose-Machen – mit Anspielungen darauf kann ein Komiker Kinder fast hundertprozentig zum Lachen bringen. Die Gewöhnung an Sauberkeit liegt für sie nicht lange zurück. Der Drang zum Pinkeln oder Furzen wird von ihnen noch nicht so beherrscht, die Erziehung zur Zurückhaltung dieser körperlichen Äußerungen ist nicht so weit gediehen wie bei den Erwachsenen. Wenn nun der Clown solchem Drang freien Lauf lässt, öffnet sich beim kleinen Zuschauer die Truhe, in der seine Windel- oder Töpfchen-Erlebnisse und

Sigmund Freud (1856 bis 1939) ist der Vater der Psychoanalyse. Eigentlich hatte er Medizin studiert, aber er interessierte sich zunehmend für die Beziehungen zwischen körperlichen und seelischen Leiden, besonders für jene Vorgänge, die uns gar nicht bewusst sind. Dazu bediente er sich der Methode der Traumdeutung und untersuchte so genannte Fehlleistungen, wenn wir uns zum Beispiel versprechen oder etwas verwechseln. Freud fand heraus, dass wir gar nicht richtig »Herr im eigenen Haus« sind, sondern von Zwängen und Regeln einerseits und unseren Trieben andererseits gesteuert werden. Seine Zeitgenossen haben sich ziemlich über seine Theorien aufgeregt.

die erlittenen Vorschriften und Rückschläge bei
der Sauberkeitserziehung lagern, und das Kind
erleichtert sich durch hemmungsloses Lachen.
Das Schöne dabei: Das Lachen ist völlig stuben-
rein und erlaubt. Dem Kind ist zwar nicht
erlaubt, vor anderen zu furzen oder zu rülpsen,
aber es ist ihm erlaubt, vor anderen darüber zu
lachen.

Nun gehört hemmungsloses Lachen ja nicht
nur zu Kindern, auch Erwachsene können sich

ausschütten vor Lachen. Der Lachdrang entsteht
ganz ähnlich wie beim Kind. Nur lachen Erwachsene nicht immer über dieselben Sachen wie
Kinder. Hätten die Erwachsenen fünf Jahre zuvor
noch Windeln getragen oder auf dem Töpfchen
gesessen, fänden sie die Clowns im Zirkus vielleicht auch lustiger.

Erwachsene machen jedoch nicht mehr in die
Hose. Davor haben sie keine Angst. Diese Dres-
sur ist bei ihnen schon lange geglückt. Sie haben
eher Angst vor anderen Blamagen, zum Beispiel

eine dumme Frage zu stellen. In dieser Angst liegt der Erfolg der Ostfriesen, Blondinen und Mantafahrer. Deshalb lachen die Leute so gerne über Dumme.

Erwachsene lachen aber auch oft über Witze, bei denen sie ihre eigene innere Zensur merken. Auch Erwachsene haben ja ihre Truhe voll mit versteckten Aggressionen, lustvollen Erlebnissen oder strengen Verhaltensmaßregeln. Und auch Erwachsene verhalten sich nicht immer mustergültig. Wenn eine innere Stimme sagt: »Das ist jetzt zu gemein, darüber darfst du eigentlich nicht lachen!«, dann entsteht eine Spannung, die sich zum Beispiel im Lachen entlädt. Da gibt es böse Witze über den 11. September (Direktflug ins Büro), über den tödlichen Autounfall von Lady Diana (Was ging ihr zuletzt durch den Kopf? Antwort: Das Armaturenbrett). Wenn jemand stirbt, so sind die Menschen erzogen, dann ist das nicht zum Lachen. Wenn einer oder viele Menschen auf gewaltsame Weise ums Leben kommen, dann ist das erst recht nicht lustig. Aber gerade nach einem Schock-Erlebnis, wie es der Terrorangriff in New York war, macht sich das Bedürfnis bemerkbar, den Schrecken auf andere Weise durchzuspielen. Im unpassendsten Moment werden dann Witze produziert, auch das ist Teil des Witzes.

Von guten und schlechten Witzeerzählern

Man kann jede Pointe versauen. Zum Beispiel so: »Mama, ich will mein Brüderchen aber nicht essen.« »Still Kind, es wird gegessen, was auf den Tisch kommt.« Was ist daran lustig? Gar nichts, höchstens das dumme Gesicht des Erzählers, der sich wundert, warum niemand lacht. Witzeerzähler wollen eigentlich die Lacher wieder einfahren, die sie selber als Zuhörer beim ersten Mal gespendet haben, und darum werden Witze auch wieder und wieder erzählt. So soll die Erinnerung an den eigenen Spaß wachgerufen werden.

Richtig erzählt, enthält der Witz von oben eine komische Überraschung: »Mama, ich mag mein Brüderchen nicht.« Antwort: »Still Kind, es wird gegessen, was auf den Tisch kommt.« Manchmal werden Witze vom Erzähler so entstellt, dass die Zuhörer gar nicht mehr ahnen, was einmal das Komische an der Geschichte war. Garantiert Witz tötend ist auch das folgende Rezept: »Kennst du den Witz von den Ostfriesen, die nicht auf den Fernsehturm dürfen, weil sie da immer die Hubschrauber füttern wollen?« Jetzt kennt der Zuhörer ihn.

Gute Witzeerzähler bleiben ernst und zeigen einen undurchdringlichen Gesichtsausdruck. Die besten Komiker tragen mit todernster Miene die komischsten Sachen vor. Charlie Chaplin oder Buster Keaton scheinen in ihren Filmen meist so traurig, dass man Angst hat, sie würden in Tränen ausbrechen. Wer dauernd kichert, vertraut nicht auf seine Wirkung und versucht die anderen nur mit eigener Albernheit anzustecken.

VORSICHT VOR ERZÄHLER-DUOS!

Kurt Tucholsky hat eine Geschichte geschrieben mit dem Titel »Ein Ehepaar erzählt einen Witz«. Und die handelt davon, wie sich ein Ehepaar beim Versuch, einen Witz zu erzählen, gegenseitig ins Wort fällt, in unwichtigen Details korrigiert, miteinander streitet und schließlich die Pointe total vermasselt. Das wiederum ist die Pointe der Geschichte, dass man die des Witzes nie erfahren wird.

Zum Schluss noch ein todsicherer Tipp für schlechte Witzeerzähler: Die Zuhörer ärgert man am meisten, wenn man am Ende nicht mehr weiß, wie die Pointe geht.

Warum müssen Menschen sterben?

Das Leben ist doch ziemlich schön. So schön, dass einem die einzelnen Tage sehr kurz vorkommen. Besonders in den Ferien. Wer in den Ferien krank wird, ist wirklich unglücklich dran. Also schnell wieder gesund werden und möglichst immer gesund bleiben. Nur leider ist auch beim Gesündesten irgendwann Schluss mit Immer.

Warum muss das Leben eigentlich aufhören? Es wird Zeit, dass endlich jemand die Unsterblichkeitspille erfindet. Denn wie schön wäre es, wenn Mutter, Vater, Oma, Opa, Hamster, Katze, Lieblingshühnchen und man selber niemals sterben müsste. Aber für alle heißt es irgendwann Abschied nehmen. Warum das so ist, diese Frage können wir nicht beantworten.

Wir wollen uns dem Tod hier eher auf medizinische Weise nähern, ihn unter das Mikroskop nehmen und ein wenig den Bauplan des Menschen studieren. Was genau führt zum Tod und wie stellt man fest, woran jemand gestorben ist?

Der wissenschaftliche Ratgeber dieses Textes ist Professor Edwin Kaiserling. Als Pathologe beschäftigt er sich zum Beispiel mit der Frage, ob ein Tumor gut- oder bösartig ist. Sein wichtigstes Werkzeug ist das Mikroskop. Professor Kaiserling ist übrigens ein ausgesprochener Hühnchen-Fan und privat leidenschaftlicher Haushuhn-Halter.

FIEBER

Wenn man gesund ist, liegt die Körpertemperatur bei 36,2 Grad morgens (unter der Zunge gemessen) und erhöht sich im Laufe des Tages bis zu einem Grad. Von Fieber spricht man ab 38 Grad, darunter von erhöhter Temperatur. Hohes Fieber beginnt bei 39, und bei mehr als 40 Grad wird es kritisch.

Sterben wäre doch eigentlich gar nicht nötig. Wozu hat die Natur den Körper denn sonst so klug konstruiert? Besser noch als die beste Maschine. Denn wenn an ihm etwas nicht stimmt oder funktioniert, kann er sich oftmals selber reparieren. Das ist auch gut so, denn der Körper ist ständig Angriffen und Angreifern von außen ausgesetzt und in den meisten Fällen behauptet er sich gegen sie auf wunderbare Weise. Eine seiner klügsten Abwehrwaffen ist das Fieber. Jeder hat es mal. Hohes Fieber ist furchtbar, man fühlt sich sterbenskrank und will nur noch seine Ruhe haben und im Bett liegen. Genau das bezweckt der listige Körper ja auch. Er antwortet auf eine Attacke von Viren oder Bakterien mit einer seiner tollsten Wunderwaffen. Wenn er sie einsetzt, ist klar, dass der betroffene Mensch weder Fußball spielen noch 100 Meter tauchen kann. Sein Körper ist mit Wichtigerem, vielleicht sogar Lebenswichtigem beschäftigt.

Auch wenn es einem so vorkommt: Das Fieber selbst ist nicht die Krankheit. Die erhöhte Temperatur zeigt an, dass der Körper gerade mit einer Krankheit kämpft. Mit welcher, weiß man dann noch gar nicht. Durch den Anstieg der Temperaturen werden alle Vorgänge im Körper beschleunigt. Der Körper setzt in der Abwehr auf ein höheres Tempo. Doch nicht nur das. Er heftet den Eindringlingen, die da ungebeten über ihn herfallen, also jedem einzelnen Krankheitserreger, eine Art rotes Warnlicht an, die Antikörper. Damit werden andere Abwehrkräfte im Körper alarmiert, und die Vernichtung der feindlichen Eindringlinge kann beginnen.

Auch von seiner Einrichtung her, seiner Möblierung mit Organen, ist der Körper ziemlich perfekt. Da gibt es kein überflüssiges Organ. Darum ist es auch gefährlich, wenn ein Organ ausfällt. Im Laufe der Jahrhunderte haben die Mediziner viele Instrumente und Listen entwickelt, mit denen sie den Körper reparieren. Manchmal wird er mit Medikamenten unterstützt. Wenn das Fieber bis fast 40 Grad hochklettert, gibt es Fieber senkende Mittel. Oder wenn zum Beispiel die Bauchspeicheldrüse nicht richtig arbeitet und zu wenig Insulin produziert. Früher konnte man daran sterben. Heute bekommt man künstlich hergestelltes Insulin. Das ist der Stoff, den man braucht, um aus schlappen Gummibärchen kurzfristige Kraftbringer zu machen. Es fischt also den Gummibärchen-Zucker aus dem Blut und gibt ihn an die Körperzellen zur sofortigen Nutzung weiter. Wenn andere Körperteile schlecht arbeiten oder kaputt gehen, hilft oft nur noch ein künstlicher Ersatz. Dann wird dem Körper ein neues Hüftgelenk eingesetzt oder eine Handprothese angepasst oder das Herz bekommt eine künstliche Klappe.

Manchmal muss der Arzt auch eine Verpflanzung, eine Transplantation, vornehmen. Etwa wenn die Haut bei einem Autounfall zerstört wurde. Dann holt sich der Chirurg beispielsweise ein Stückchen Haut vom Oberschenkel des Patienten und setzt es wie einen Flicken auf die kaputte Stelle. Aber auch die Verpflanzung von Organen von einem in einen anderen Körper ist möglich. Die Lunge, die Leber, Nieren, Knochen, Haut, Bauchspeicheldrüse können von Mensch zu Mensch übertragen werden. Und sogar das Herz.

DIE ERSTE HERZTRANSPLANTATION

Im Jahr 1967 wurde zum ersten Mal auf der Welt ein Herz von einer Brust in eine andere verpflanzt, von der Brust einer Frau in die Brust eines Mannes. Die Frau war bei einem Autounfall ums Leben gekommen. Ihr Herz hatte schon still gestanden, doch es konnte wieder in Gang gesetzt werden. Der Mann überlebte die Operation nur um 18 Tage. Sein neues Herz arbeitete zwar gut, aber er starb an einer Lungenentzündung als Folge der Transplantation. Mittlerweile haben Menschen mit Spenderherzen jedoch schon an die zwanzig Jahre gelebt.

Selbst die Tiere müssen helfen, wenn es um Reparaturen am menschlichen Körper geht. Manchmal werden Schweine und Paviane als Organspender benutzt. Gefragt werden sie vorher nicht.

Nun wissen wir also, dass der Körper bei Störungen einen großartigen Reparatur-Service anbietet, auch dass die Medizin immer tollere Wunder vollbringt, aber warum die Menschen sterben müssen, wissen wir immer noch nicht. Schauen wir uns doch erst einmal ein paar schmächtige Hühnchen an.

Ein kleiner Ausflug in den Darm eines Hühnchens

Das Huhn scheint als Organspender nicht geeignet und insofern vor dem Menschen sicher zu sein. Die Menschen mögen Hühner. Leider – für die Hühnchen. So wandern sie in den Backofen oder werden mit viel Panade verpackt zu einer Lieblingsspeise von Kindern. Wer aber einmal mit einem Huhn persönlich bekannt war, wird es niemals essen. Er wird es, wenn es gestorben ist, vielleicht sogar beerdigen. Und noch ein kleines Grabmal an den Ort setzen. Worauf dann geschrieben steht: »Hier ruht Goggel. Unser braves Haushuhn. In ewiger Dankbarkeit, Familie Kaiserling.«

So ruhte Goggel also unter der Erde. Aber da es das Haushuhn einer Pathologen-Familie war, hatte der Frieden ein Ende. Fünf Jahre nach seinem Tod wurde es wieder ausgegraben. Für eine

WAS MACHT EIN PATHOLOGE?

Den Pathologen beschäftigt die Frage, warum ein alter Mann nach der Operation gestorben ist. Oder er findet an winzigen Gewebeproben heraus, welche Krankheit ein Patient hat. Manchmal verwechselt man den Pathologen mit dem Gerichtsmediziner, der ist nämlich für die Untersuchung von Toten zuständig, die durch Gewalteinwirkung gestorben sind. »Tod durch Dritte« nennt man das auch, selbst wenn viele »Dritte« beteiligt waren. Wenn also Goggel durch einen Fuchs ums Leben gekommen wäre, würde nicht der Pathologe, sondern der Gerichtsmediziner die Todesursache erforschen.

Kinder-Uni-Vorlesung. Kindern, so dachte sich der Professor, zeigt man vielleicht besser die sterblichen Überreste eines Hühnchens als die eines Menschen. Er brachte also das verstorbene Tier wie ein Schneewittchen im gläsernen Sarg mit.

Was war von Goggel nach fünf unterirdischen Jahren übrig geblieben? Nicht viel. Gerade mal ein paar Knöchelchen und eine Sammlung Steinchen. Wenn Hühner Brillen trügen, würden sie vielleicht Steine von Körnern unterscheiden können, aber so gehört das Picken von Steinchen zum Hühnerleben wie das tägliche Eier legen. Die Steine-Sammlung in Goggels Bauch war also nicht ungewöhnlich und gab keinen Hinweis auf seinen vorzeitigen Tod.

Doch wenn ein Huhn vor Ablauf seiner üblichen Lebensdauer von sechs Jahren stirbt, kann
es dafür eine Menge Gründe geben. In Goggels
Fall konnte man nur noch die Knochen befra-
gen. Brüche im Gebein oder Löcher im Schädel
hätten etwas über seinen übereilten Aufbruch
ins Hühnerparadies sagen können. Fehlanzeige!
Goggel lieferte keinerlei Hinweise mehr auf die
Todesursache. Um etwas über sein Ableben heraus zu finden, hätte man früher mit den Untersuchungen beginnen müssen. Zu einem Zeit-
punkt, als Goggels Organe und Gewebe noch
nicht zersetzt waren.

Nach einer gewissen Trauerzeit bekam Goggel
im Hause Kaiserling zwei Nachfolger. Die hießen
Kernchen und Körnchen, und auch sie starben
vor der Zeit. Diesmal war der Mediziner früher
am Tatort Hühnerkörper. In Körnchens Leber
fand er auffällige Spuren, dunkelrote Schlie-
ren. Sieht nach Leberblutung aus, sagte er sich.
Grund für eine Leberblutung kann eine äußere
Verletzung sein, die würde man jedoch schon an
einem Riss im Gewebe erkennen. Nehmen wir
mal an, das Hühnchen wäre bäuchlings Schlitten
gefahren, dabei hätte es sich an der Leber oder
der Milz verletzen können. Aber eine Hühner-
leber ist auf andere Art gefährdet. Denn ein wil-

des freies Hühnerleben führt nicht nur zu den leckeren, sondern auch zu den giftigen Plätzen. So kann sich ein Huhn also vergiften. Leider war dies in Körnchens traurigem Fall so.

Sein Kumpan Kernchen fand ebenfalls ein trauriges Ende, wie man bei der Obduktion, also der Untersuchung seines toten Körpers, entdeckte. Kernchens Darm war geplatzt. Und das kam, wie Hühnerdetektiv Kaiserling herausfand, so: In dem Darm war ein Tumor gewachsen. Würde man bei Hühnchen regelmäßig den Darm untersuchen, wie es den Menschen in mittlerem Alter empfohlen wird, dann hätte man den Tumor rechtzeitig entdeckt. Man hätte das Hühnchen operiert und die Geschwulst entfernt, also aus dem Darmgewebe herausgeschnitten. Doch niemand wusste von dem Tumor des Hühnchens, und so wuchs und wuchs er. Er wurde groß wie eine Haselnuss, versperrte all den Körnern im Hühnerbauch den Durchgang, und als sich der verstopfte Darm schließlich nicht mehr weiter dehnen konnte, platzte er. Das war Kernchens Ende. So weit also die traurige und wahre Geschichte dreier Hühner.

BÖSARTIGE TUMORE

Sie werden in zwei große Gruppen eingeteilt. Die einen heißen Karzinome, das sind diejenigen, die sich an den Gewebe-Oberflächen bilden. Das andere sind die Sarkome, die sitzen im Fettgewebe, im Knorpel, in den Knochen oder den Blutgefäßen. Man erkennt sie an ihren unterschiedlichen Gewebebildern. Karzinome und Sarkome sind zwei Bösewichte, die man sich gerne vom Hals halten würde, aber ihr Auftreten hat damit zu tun, dass die Menschen älter werden.

Was ist langlebiger: Pest oder Krebs?

Auch Menschen können an einem geplatzten Darm sterben. Im Tod sind sich Menschen und Hühner gar nicht so unähnlich. Beide sterben, wenn ihre Herzen aufhören zu schlagen. Es gibt allerdings auch Ausnahmefälle. So kann jemand vier Stunden ohne Herzschlag überleben. Aber nur, wenn er in dieser Zeit nicht im warmen Bett, sondern in eiskaltem Wasser liegt. Umgekehrt kann ein Mensch schon tot sein, obwohl sein Herz noch schlägt. Wenn sein Gehirn mehrere Minuten lang nicht mehr mit Sauerstoff versorgt wird, ist er tot. Auch wenn der Körper noch zu leben scheint, er ist in diesem Fall nur mehr eine Hülle.

Viele glauben übrigens, dass die meisten Menschen an Krebs sterben. Das stimmt jedoch nicht. Die meisten, nämlich etwa die Hälfte aller Menschen, sterben an Herz- und Kreislauferkrankungen – aus Altersschwäche oder weil sie einen Herzinfarkt erleiden. Der Herzinfarkt ist die häufigste Todesursache, er tritt ein, wenn der Herzmuskel nicht genügend durchblutet wird. Viele Menschen sterben auch an Krebs, ungefähr jeder Sechste, am häufigsten an Lungen-, Darm- oder Brustkrebs. Andere Todesursachen wie Kriege, Verbrechen oder Flugzeugabstürze liegen weit dahinter. Auch wenn es in den Fernsehnachrichten anders aussieht. Die Nachricht, dass wieder 272 539 Menschen an Altersschwäche gestorben sind, würde eben als sterbenslangweilig empfunden. Das Außergewöhnliche ist interessanter, also wird das verbreitet. Deshalb hat man fast den Eindruck, keiner stirbt

TODESURSACHEN

In der Regel ist es so, dass von 100 Menschen 45 an Gefäßerkrankungen, also Herz- und Kreislaufleiden sterben, 18 an Krebs, 6 an Atemwegserkrankungen, weitere 6 durch Unfall und 25 aus allen möglichen anderen Gründen.

mehr eines natürlichen Todes. Und wenn man
zu viele Krimis im Fernsehen gesehen hat, glaubt
man, die meisten Menschen würden auf der
Straße und nicht im Krankenhaus sterben.

Sind die Menschen immer schon an denselben
Krankheiten gestorben, oder können auch Krankheiten aussterben? Vor etwa 1500 Jahren wütete
eine Krankheit, die man heute nur noch aus
Gruselgeschichten kennt. Man nannte sie den
schwarzen Tod oder die Pest. Und man erkannte

sie an den schwarzen Blasen auf der Haut. Wenn
sie zu sehen waren, war der Tod nicht mehr fern.
In Konstantinopel – heute Istanbul, also in der
Türkei – starben täglich 5000 Menschen. Und
kein Mittel half gegen diese Krankheit. Vor
rund 700 Jahren breitete sich eine neue heftige
Krankheitswelle aus, Epidemie nennt man das.
Innerhalb kürzester Zeit tötete sie 25 Millionen
Menschen, das war ein Viertel der Bevölkerung
auf dem Gebiet des heutigen Europas. Diese
hoch ansteckende Krankheit wurde durch Ratten
übertragen, genauer Rattenflöhe. Sie wurde aber
auch über die Atemluft weitergegeben. Zum

MITTELALTERLICHE STÄDTE

In den Städten des späten Mittel-
alters gab es fast so viel Schweine wie Menschen auf den Straßen. Jeder der irgendwie konnte,
hielt sich Tiere und die hinterließen wesentlich mehr Tret-
minen als die heutigen Stadt-
hunde. Man dürfe weder Urin
noch Unrat auf die Straßen kip-
pen, warnten die Polizeiverord-
nungen ausdrücklich. Und alle
acht Tage müsse der Mist vorm
Haus weggeschafft werden. Die
Häuser waren noch nicht an
Wasserleitungen angeschlossen,
Kanalisation war Luxus. Unsere
heutigen Nasen würden den
Kloaken-Gestank von damals gar
nicht aushalten.

Rudolf Virchow lebte von 1821 bis 1902 und machte eine einfache, doch entscheidende Entdeckung: Er fand heraus, dass eine kranke Zelle nicht etwas ganz anderes als eine gesunde ist, sondern vom gesunden Gewebe abstammt.

Glück ist die Pest mittlerweile so gut wie ausgestorben. Das ist vor allem der Hygiene, der Sauberkeit der Menschen, zu verdanken.

Andere Krankheiten haben sich durch die Jahrtausende gehalten. Zum Beispiel Krebs. Viele glauben, Krebs sei eine neuere Krankheit. Das stimmt aber nicht. Allerdings kam Krebs vor Jahrhunderten noch nicht zum Ausbruch, weil die Menschen weniger alt wurden als heute. Vor fünfhundert Jahren starb man schon mit dreißig oder vierzig Jahren. Heute hat man da gerade die Hälfte des Lebens hinter sich. Früher wussten die Ärzte auch nicht, was Krebs ist und wie er aussieht. Selbst Rudolf Virchow – ein berühmter Arzt – war vor etwa 100 Jahren noch der Meinung, ein Tumor sei eine Entzündung.

Woher weiß man, dass die Menschen in früheren Zeiten auch schon Krebs hatten, wenn die Mediziner ihn damals gar nicht erkannt haben? Und woher weiß man, dass die Menschen an Krebs hätten sterben können, wenn sie einige Jahre länger gelebt hätten? Wissenschaftler nahmen die ägyptischen Mumien genau unter die Lupe. Deren Körper waren auch nach Jahrtausenden noch besser erhalten als der von Goggel. Unter dem Mikroskop bemerkten sie, dass es auch in uraltem Gewebe und in uralten Skeletten Tumore gibt. Tumore sind Schwellungen, die allerdings nicht immer bösartig, also Krebs sein müssen. Von Krebs und bösartigen Tumoren spricht man erst, wenn die Wucherungen auch an anderen Stellen des Körpers auftreten und sich so weit ausbreiten, dass man sie nur unter Einsatz vieler ärztlicher Mittel und Tricks bekämpfen kann.

Krebs lässt sich zwar schon lange nachweisen, aber mit der Zeit haben sich durch andere Umweltbedingungen und Essgewohnheiten neue Krebsarten herausgebildet. Zum Beispiel der Harnblasenkrebs, der Lungen- oder der Bronchialkrebs. Die Möglichkeit, an Krebs zu erkranken, ist oft durch Umwelteinflüsse bedingt, zum Teil aber wird sie auch vererbt. In jedem Fall gilt jedoch: Je früher man den Krebs entdeckt, desto besser sind die Aussichten, ihn zu überleben.

> **ZWEIERLEI STERBEN**
>
> In den Industrieländern, so der Gesundheitsbericht der Vereinten Nationen, sterben die Menschen vor allem an nicht ansteckenden Krankheiten, in den Entwicklungsländern vor allem an Krankheiten, die auf Ansteckung und schlechte Hygiene zurückzuführen sind.

Gibt es Verbrecher, die wie Salami aussehen?

Wie unterscheidet man einen gutartigen von einem bösartigen Tumor? Sehr praktisch wäre es, wenn die einen Tumore weiß wären und die anderen schwarz. Wie im Krimi, wenn nicht lange gerätselt werden muss, wer der Gute und wer der Böse ist. Leider sind Tumore nicht die Erfindung eines Krimiautors. Es gibt mehr als 100 verschiedene Arten. Selbst ein Tumor-Fachmann braucht furchtbar viele Nachschlagewerke, um sich unter den vielen immer anders aussehenden Gewebebildern zurechtzufinden. Auch wenn er die tausenderlei Grundmuster im Kopf hat, entdeckt er immer wieder Neulinge. Man kann anderthalb Bücherschrank-Meter mit dieser höchst komplizierten Verbrecherkartei der Tumore füllen und wird doch immer noch neue Verbrecherfamilien und Abkömmlinge entdecken.

Nur für den geschulten Blick sind sie sichtbar. Andere Augen sehen nur Pünktchen wie auf einem Stück Stoff oder einer Salami-Scheibe.

**ZU BEGINN
DER MIKRO-WELLE**

Einer der ersten, der wie besessen mit
Mikroskopen arbeitete, war Antoni
von Leeuwenhoek. Er lebte von 1632
bis 1723. Seine Geräte vergrößerten
zwischen 69- und 266-fach, ein paar
von ihnen sind im Deutschen Museum
in München zu sehen.
Mit besonderer Hingabe studierte der
Forscher das sexuelle Verhalten der
Flöhe, die er zwischendurch an
seinem Körper weiden ließ und in
der Hosentasche spazieren
führte.

Dabei handelt es sich um eine hauchdünne
Scheibe menschlichen Gewebes. Manchmal
wird ein kleines Stück Gewebe blitzschnell aus
dem Operationssaal in die Pathologie gebracht.
Und dort wird untersucht, ob die Geschwulst im
Körper des Patienten gut- oder bösartig und wie
weit sie fortgeschritten ist. Von der Antwort auf
diese lebenswichtige Frage hängt dann ab, wie
die Operation weitergeht. Zum Beispiel, wie viel
Gewebe der Chirurg um die Geschwulst herum
entfernen muss.

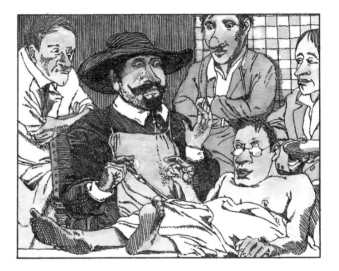

In der Pathologie wird bei den Blitz-Unter-
suchungen oder »Schnell-Schnitten« – also den-
jenigen, die während einer Operation gemacht
werden – die Gewebeprobe zunächst tiefgefro-
ren. Danach kann man sie in hauchdünne Scheiben schneiden und einfärben. Zwei Farben verwendet der Pathologe: Rot und Blau. Aber auch
das sind nicht die Farben für Gut und Böse, und

es sind, wie man sich denken kann, keine normalen Wasserfarben, sondern Spezialfarben. Die verteilen sich, wie von einem Magneten angezogen, auf die unterschiedlichen Zellen und innerhalb einer Zelle. Auch die Farbtöne erzählen dem Pathologen viel über die Art des Gewebes, das aus Zellen und ganz unterschiedlichen Zelltypen besteht.

Die Zellen sind die Bausteine des Körpers. Sie teilen sich ständig, wachsen nach und sterben ab. Im menschlichen Körper, genauso wie beim Hühnchen, herrscht ein ständiges Kommen und Gehen. Gut, dass die Zellen bei diesen vielen Auftritten und Abgängen keine Türen zuknallen, das wäre sonst ein unerträglicher Krach im Körper – schlimmer als auf einer Baustelle. Jeder Mensch besteht nämlich aus ungefähr einer Billion Zellen, das ist eine Eins mit zwölf Nullen dahinter. Und diese unglaublich vielen kleinen Dinger erneuern sich alle sechs bis neun Monate. Die Knochen brauchen etwas länger. Kaum zu glauben, dass man trotz dieser regelmäßigen Rundum-Erneuerung sein Äußeres nur wenig verändert. Natürlich verändert man sich im Laufe von zehn Jahren, aber das hat dann mehr mit Wachsen und Altern zu tun.

Tumorgewebe entwickelt sich anders als gesundes Gewebe. Die Tumorzellen spielen verrückt, sie teilen sich häufiger und wachsen auf zerstörerische Weise. Sie wachsen so schnell, dass sie schließlich sogar verhindern, dass das Hühnchenfutter den Hühnchendarm passieren kann. Und die bösartigsten unter ihnen geben sich selbst damit nicht zufrieden. Über das Blut und die Lymphbahnen verteilen sie sich im Körper

Moderne Elektronen-Mikroskope machen heute 100 000-fache Vergrößerungen möglich. Mit ihnen kann man Moleküle darstellen.

und bilden Metastasen. So stiften sie andere Teile des Körpers dazu an, Tumore zu bilden.

Hundeleben mit Schimmelpilzen

In den Genen steht geschrieben, dass der Mensch maximal 120 Jahre alt wird. Tiere haben da andere Zahlen. Ganz unterschiedliche. Die Maus hat eine Lebenserwartung von zwei bis drei Jahren, die Ratte von fünf Jahren. Schaf oder Hund können zwanzig Jahre alt werden, der Elefant wird bis zu siebzig Jahre alt. Also könnte man annehmen, je größer das Tier, desto länger sein Leben. Das stimmt so jedoch nicht. Schildkröten sind viel kleiner als Elefanten, können

aber hundert und mehr Jahre alt werden. Kein
Mensch kann jedoch so lange mit einer Schild-
kröte zusammen sein, und die meisten von ihnen
hauen sowieso irgendwann mal ab. Und da sie
sich auf Tübingens, Düsseldorfs oder Berlins
Straßen nicht gut auskennen, auch nicht auf
Zebrastreifen achten und bei ihrer angeborenen
Langsamkeit mehr als eine Grünphase zur Über-
querung der Straße brauchen, sterben sie vorzei-
tig. Die Lebenserwartung von Schildkröten hat
sich in den Städten sicher drastisch verkürzt. Das
Leben von Hauskatzen oder Hunden hat sich
gegenüber früheren Zeiten vermutlich verlängert.
Katzen und Hunde werden zwar auch oft über-
fahren, aber wenn sie krank sind, bekommen sie
ähnliche Medikamente wie ihre Frauchen und
Herrchen verschrieben.

Dass die Menschen älter werden, ist vor allem
ein Erfolg der Hygiene und der Medizin. Aber
auch weil der Staat armen Leuten Geld gibt,
damit sie nicht verhungern, sich eine Wohnung
leisten und medizinisch versorgt werden können,
ist der Altersdurchschnitt gestiegen. Vor mehr als
2000 Jahren wurde man im Durchschnitt gerade
dreißig Jahre alt. Heute bekommen viele Frauen
und Männer in diesem Alter ihre ersten Kinder
und haben trotzdem gute Aussichten, auch noch
ihre Enkelkinder zu erleben. Am stärksten ist die
Lebenserwartung in den letzten hundert Jahren
gestiegen. Früher lag sie um die fünfzig Lebensjahre, heute werden die Menschen in den reichen Ländern über achtzig Jahre alt. Vorbei sind
auch die Zeiten, als eine Frau zwölf Kinder auf
die Welt brachte und nur zwei davon die ersten
Lebensjahre überlebten.

Vielen dieser Kinder hätte ein Arzt mit dem Wissen von heute problemlos helfen können. Mit einem einzigen Rezept nur und diesem Wundermittel, das man meist acht bis zehn Tage einnehmen muss: dem Antibiotikum. Es war extrem wichtig für die Bekämpfung von Krankheiten, vor allem von Entzündungen. Alexander Fleming gilt als der Entdecker des Penicillins, des ersten wirksamen Mittels in der langen Reihe der Antibiotika. 1928 gewann er es aus den Auszügen eines Schimmelpilzes. Schimmelpilze bilden sich zur Abwehr von Bakterien. Fleming fand heraus, dass diese Abwehr auch im menschlichen Körper wirkt. Das war sensationell und rettete vielen Menschen das Leben, die sonst an Keuchhusten, Scharlach oder Mittelohrentzündung gestorben wären. Die meisten haben es schon mal eingenommen, auch wenn die Ärzte es so sparsam wie möglich verschreiben. Antibiotika können nämlich bei wiederholter Anwendung unwirksam werden. Bakterien sind sehr clever und verändern sich ständig. Man braucht dann neue Schimmelpilze, um sie zu bekämpfen. Gegen Grippe, Masern, Röteln oder Mumps hilft übrigens kein Antibiotikum, denn das sind Viruskrankheiten, gegen die kann man sich höchstens impfen lassen.

SÄUGLINGSSTERBEN

1875 starb in Berlin jedes dritte Kind im ersten Lebensjahr; um 1900 immer noch jedes fünfte Kind. Grund waren die feuchten, dunklen Wohnungen ohne Klos und Bäder und die schlechte Ernährung der Kinder. Aus verschiedenen Gründen wurden Babys damals immer seltener gestillt.

Wer will mich dauernd bestimmen?

Wäre es nicht schön, wenn man überhaupt nicht sterben müsste? Das würde aber auch heißen, dass man nicht wächst und nicht altert. Ewig neun Jahre bleiben und sich vergeblich auf seinen zehnten Geburtstag freuen? Niemals in Filme ab zwölf gehen dürfen? Lebenslang Schule? Das Älterwerden hat zweifellos Vorteile. Und Wachsen ist ja auch toll. Zu sehen, dass die Füße nicht mehr in die Schuhe vom letzten Sommer passen und die Erwachsenen immer kleiner werden.

Eine Pille gegen das Altern oder für die Unsterblichkeit hat noch niemand entwickelt. Dazu müsste man erst einmal die Geheimschrift der Natur entziffern können, in der die menschliche Bedienungsanleitung geschrieben steht. Diese Geheimschrift trägt jeder Mensch in sich. Sie setzt sich aus ungefähr 30 000 Genen zusammen und heißt DNS. Die DNS, die man zur Hälfte vom Vater und zur anderen Hälfte von der Mutter mitbekommt, gibt in einem fort Anweisungen. Sie steckt in jeder Zelle und will über alles bestimmen: über die Haarfarbe, ob man braune oder grüne Augen hat, ob man groß oder klein ist oder ob man ein schwaches Herz hat. Sie sagt auch einiges über die Lebenserwartung ihres Menschen und seine Anfälligkeit für Krebs. Aber trotzdem passiert nicht alles nach dem großen DNS-Plan. Ein Mensch kann nach seiner genetischen Geheimschrift zwar die Anlage zum Uraltwerden in sich tragen, aber durch ein ungesundes Leben oder eine ungesunde Umgebung kann alles ganz anders kommen. Ein anderer schafft es dagegen, durch viel Bewegung und gesundheitsbewusstes Leben eine angeborene Schwäche auszugleichen. Man kann der rechthaberischen DNS also auch ein Schnippchen schlagen.

Alexander Fleming, gebürtiger Schotte und einer der ganz großen Mediziner, lebte von 1881 bis 1955 und entdeckte das Antibiotikum. Für diese Entdeckung bekam er 1944 in England den Adelstitel und ein Jahr später den Nobelpreis für Medizin verliehen.

Hinwegsetzen kann sich jedoch niemand darüber, dass die DNS spätestens im Alter von zwanzig Jahren das Wachstum des Körpers stoppt. Man hört zwar auf zu wachsen, aber am Körper wird weiterhin gehämmert und gezimmert. Die Zellen werden repariert und erneuert. Auch das steuert die DNS. In der Kindheit und Jugend geschieht das auf Hochtouren, doch mit der Zeit laufen die Erneuerungsarbeiten langsamer. Manche Schadstellen werden dann gar nicht mehr geflickt. In den Genen sitzt eine Uhr mit eingebauter Automatik: Erst gibt sie ein schnelleres Arbeitstempo vor, mit zunehmendem Alter wird es langsamer und immer langsamer. Schließlich kann man auch einfach, ohne je eine schwere Krankheit gehabt zu haben, an Altersschwäche sterben.

ALTERSSCHWÄCHE

Man sagt, jemand sei eines natürlichen Todes gestorben. Es fängt damit an, dass die Adern sich im Alter durch Ablagerungen verengen und spröder werden. Wenn diese Ablagerungen den Durchfluss verstopfen oder sich gefährliche Gerinnsel davon ablösen, kann das die Durchblutung von Herz oder Gehirn unterbrechen. Wenn der Sauerstoff dort zu lange fehlt, stirbt der Mensch.

Gibt es gute Gründe fürs Sterben?

Was in Sterbenden vorgeht, kann man höchstens ahnen. Manche schließen in dieser Situation mit dem Leben ab. Sie haben keine Kraft mehr, sehnen den Tod herbei und wollen nur noch in Ruhe sterben. Vermutlich erlebt man die Wochen und Tage vor dem Tod ganz anders als die gleiche Zeitspanne in gesunden Jahren. Das Zeitempfinden verändert sich. Man kann sich das so vorstellen: Eine durchschlafene Nacht vergeht blitzschnell, aber eine durchwachte Nacht dauert endlos. Und so können auch drei Monate für einen Todkranken endlos lange sein. Von außen lässt sich das jedoch nur schwer einschätzen.

Wer den Uronkel oder die Oma im Pflegeheim
besucht, sagt schnell: »So will ich im Alter auf
keinen Fall leben!« Dabei vergisst man, dass der
Pflegeheim-Alltag für einen Bettlägerigen nicht
nur Leiden, sondern auch Schönes bringt – Gefühle, von denen ein Gesunder nichts ahnt. Auch
wenn die Umstände furchtbar erscheinen, von
außen ist es immer schwer zu sagen, wer zum
Sterben bereit ist und wer nicht.

Was spricht nun eigentlich für den Tod? Ohne
ihn gäbe es uns heutige Menschen nicht. Für
uns wäre gar kein Platz auf der Erde, denn alle
Menschen von früher würden ja auch noch
leben. Es ist schwer vorstellbar, wie es ohne Tod
und Sterben auf der Erde aussähe. Das Leben
wäre ganz anders. Bräuchte man ohne Wachstum überhaupt Nahrung? Gäbe es Veränderung?
Krieg wäre jedenfalls völlig überflüssig, wem
wollte man noch mit irgendetwas drohen? Ein
Leben ohne Tod wäre so anders als alles, was
man kennt, dass man einfach sagen muss: Der
Tod gehört zum Leben dazu.

Warum stammt der Mensch vom Affen ab?

In früheren Jahrhunderten dachte man, dass Gott die Menschen an einem einzigen Tag erschaffen habe und dass die ersten Menschen, Adam und Eva, schon genauso ausgesehen hätten wie alle späteren Menschen auch, nur ohne Kleider.

Diese Sichtweise änderte sich erst, als Entdecker wie Christoph Columbus von ihren aufregenden Weltreisen zurückkehrten und einem erstaunten Publikum von den fremdartigen Gestalten erzählten, die sie unterwegs getroffen hatten. Manche Gelehrte vermuteten nun, unsere Vorfahren könnten so gelebt haben wie die Ureinwohner Amerikas oder Afrikas. Sie ahnten nicht, wie eng die Europäer mit den vermeintlichen »Wilden« in Wahrheit verwandt sind. Und sie konnten sich nicht im Entferntesten vorstellen, dass die Europäer tatsächlich noch ganz andere Verwandte haben, irgendwo da draußen, im Busch. Eine solche Vorstellung hätten die Menschen damals, die glaubten, von Gott nach seinem eigenen Bilde erschaffen worden zu sein, als Gotteslästerung empfunden.

»Altertümlich, ursprünglich« bedeutet das griechische Wort »archaios«. Nach ihm sind die Archäologen benannt, die das Leben in den ältesten Kulturen der Menschheit erforschen. Einer von ihnen ist Professor Nicholas Conard. Der Tübinger Wissenschaftler half uns, die Entwicklung der Menschheit zu verstehen.

Heute wissen schon die Kinder, dass unsere frühesten Vorfahren ganz anders aussahen als wir. Sie hatten Haare am ganzen Körper, einen breiten Mund und wulstige Knochen über den Augen. Auf Abbildungen sieht man sie manchmal mit ein paar Fellen bekleidet, manchmal tragen sie nichts außer einem Knochen. In solchen Darstellungen sind sie den Affen ähnlicher als uns heutigen Menschen. Und wir wissen, dass das kein Zufall ist.

Es war ein englischer Wissenschaftler, der uns für den langen Entwicklungsweg des Menschen die Augen öffnete: Charles Darwin. Wie viele berühmte Leute war Darwin kein besonders guter Schüler, eher »eine Schande« für seine Familie, wie sein Vater einmal sagte. Auch seine ersten Vorlesungen an der Uni fand er fürchterlich langweilig, lieber ging er wandern und jagen und vergnügte sich mit »liederlichen« Freunden. Trotzdem hat kaum ein Wissenschaftler unser heutiges Weltbild so beeinflusst wie er.

Dabei hat er gar nichts Großartiges erfunden oder gebaut, er hat nur sehr genau beobachtet und aus dem, was er sah, die richtigen Schlüsse gezogen. Die interessantesten Beobachtungen machte er während einer fünfjährigen Forschungsreise auf den Galapagos-Inseln im Pazifischen Ozean. Dort entdeckte er, dass die Finken auf jeder Insel verschiedene Schnäbel hatten, mal spitz und gerade, mal gebogen und papageienförmig. Die Vögel hatten sich, schloss Darwin, im Laufe der Generationen genau die richtigen Schnäbel für die Nahrung zugelegt, die sie auf den verschiedenen Inseln fanden. Man kann sich das so vorstellen, dass Menschen, die auf einer Insel leben, auf der es nur Spaghetti gibt, allmählich kleine runde Münder bekommen und Menschen auf einer Döner-Insel große breite.

REISEN BILDET

1831 trat Charles Darwin als Naturforscher eine fünfjährige Weltreise auf dem königlichen Forschungs- und Vermessungsschiff »Beagle« an. Seine Reise führte über die Kapverdischen Inseln, entlang der Ost- und Westküste Südamerikas, zu den Galapagosinseln, nach Tahiti, Neuseeland, Mauritius, Kapstadt, nochmals Südamerika und über die Azoren zurück nach England. Danach hat Darwin seine Beobachtungen viele Jahre aufgearbeitet, bevor er 1859 das Buch »Über die Entstehung der Arten« veröffentlichte, das ihn berühmt machen sollte.

CHARLES DARWIN

Darwin wurde im Februar 1809 in England geboren, entwickelte schon als Kind ein großes Interesse für Naturgeschichte und sammelte leidenschaftlich gern Pflanzen und Tiere. Dennoch studierte er später zunächst Medizin, dann Theologie, bevor er sich der Geologie und der Biologie zuwandte. Ausschlaggebend hierfür war seine Reise mit dem Forschungsschiff »Beagle«. Die Beobachtungen, die er während dieser Reise sammelte, ließen ihn seine Theorie der Vererbung und einer durch Umweltbedingungen erfolgenden Auslese entwickeln. Diese Theorie löste damals heftige Kontroversen aus und war lange Zeit sehr umstritten, weil sie das Bild vom Menschen als Krone der Schöpfung – als Gottes Ebenbild – ins Wanken brachte. Als Charles Darwin 1882 starb, hatten sich seine Gedanken immer noch nicht wirklich durchgesetzt. Heute gilt der Begründer der Evolutionstheorie als der vielleicht bedeutendste Biologe der Geschichte.

Warum verändern sich die Lebewesen im Laufe der Zeit?

Menschen und Tiere müssen sich, das ist Darwins Erkenntnis, den wechselnden Lebensbedingungen anpassen. Sie müssen fit sein und sich durchsetzen. Darwin sagt sogar, dass sie um ihr Überleben kämpfen.

Das Fitsein fängt in der Familie an. Die meisten Lebewesen haben mehr Nachwuchs, als zum Überleben der Art nötig ist. Eine einzige Feldmaus bekommt im Sommer alle drei Wochen bis zu 13 Junge. Würden sie alle überleben und wieder 13 Junge bekommen, gäbe es bald so viele Mäuse, dass jede Stunde eine Mäusekehrmaschine durch die Straßen fahren müsste.

Zum Glück sorgen beispielsweise Katzen oder Bussarde dafür, dass nicht alle Mäuse überleben. Außerdem finden nicht alle Mäuse genug zu fressen, so dass immer einige verhungern. Je mehr Mäuse es gibt, desto knapper wird das Futter und desto zahlreicher werden die Katzen. So bleibt die Zahl der Mäuse ungefähr gleich. Mäuse, die raffiniert und schnell sind wie Speedy Gonzales, haben natürlich viel bessere Chancen, den Katzen zu entwischen oder Käse zu finden. Solche Mäuse überleben und vererben ihre Fähigkeiten an ihre Jungen. So werden die Mäuse im Lauf der Zeit immer fitter. »Natürliche Auslese« nannte Darwin dieses Grundprinzip seiner Evolutionstheorie.

Sind Muskeln besser als ein Gedicht?

Was aber ist Fitness? Kann man Fitness in einem Fitnessstudio lernen? Sind die Kinder fitter, die auf dem Schulhof die anderen verprügeln? Oder beim Fußballspielen mehr Tore schießen? Die Geschichte der Menschen zeigt, dass es gerade andersherum ist. Natürlich brauchten die frühen Menschen auch Muskeln und Kondition. Viel entscheidender war aber, dass sie Köpfchen hatten, Phantasie und Gefühle. Fit sein im Sinne der Evolution heißt vor allem: sich fortpflanzen, viele Kinder kriegen und gut für sie sorgen. Ein Junge, der tanzen kann, für die Mädchen schöne Gedichte schreibt, sich hübsch anzieht und gut riecht, findet später wahrscheinlich schneller eine Frau als ein übler Schläger.

Unsere frühesten Vorfahren haben mit Sicherheit keine Gedichte geschrieben. Und besonders gut gerochen haben sie wohl auch nicht, jedenfalls für moderne Nasen. Obwohl wir ihre direkten Nachfahren sind, waren es Lebewesen, die mit uns sehr wenig und mit Affen sehr viel gemein hatten. Wann genau sich unsere Vorfahren von den Vorfahren der heutigen Schimpansen oder Gorillas trennten, darüber sind sich die Wissenschaftler nicht ganz einig. Klar ist, dass es nicht vor sechs Millionen Jahren in irgendeinem Uraffen-Rudel ein Paar gab, dass ein wunderbar kluges Kind bekam, aus dem sich schließlich die Menschheit entwickelte. Eher war es wohl so, dass vor sechs, sieben oder vielleicht auch acht Millionen Jahren einige Affen immer häufiger auf zwei Beinen unterwegs waren, und ganz sicher ist, dass diese Affen in Afrika lebten.

DIE ENTDECKUNG DER GENE

Darwins Evolutionstheorie war schwer zu beweisen, weil sich die Evolution in extrem langen Zeiträumen vollzieht. Wissenschaftliche Unterstützung erhielt diese Theorie durch die 1865 veröffentlichten Arbeiten von Gregor Mendel. In seinen berühmten Kreuzungsversuchen mit Erbsen hatte Mendel erstmals die Existenz von Genen bewiesen, durch die bestimmte Merkmale festgelegt sind und von Generation zu Generation vererbt werden. Gregor Mendel gilt damit als Vater der Genetik.

DER ERSTE MENSCH STAMMT AUS AFRIKA

Alle menschlichen Überreste, die älter sind als zwei Millionen Jahre, wurden in Afrika gefunden. Die bislang ältesten menschenartigen Knochen überhaupt entdeckten französische und kenianische Wissenschaftler am 25. Oktober 2000 in einer bergigen Landschaft in Kenia. Millenium-Mensch nannten die Wissenschaftler ihren Fund, und sie taxierten ihn auf sechs Millionen Jahre. Viel ist nicht übrig geblieben vom Millenium-Menschen, doch es reichte, um ihn als einen unserer Vorfahren zu identifizieren. Der Millenium-Mensch hatte kleinere Schneidezähne und größere Backenzähne als ein Affe. So wie wir. Und er ging wahrscheinlich schon auf zwei Beinen anstatt auf vier.

Das Gehen auf zwei Beinen war offenbar ein Vorteil im Kampf ums Überleben, aber woher wussten unsere Vorfahren das? Warum hielten es einige Affen vor Millionen von Jahren für nötig, sich aufrecht zu bewegen, obwohl sie doch eigentlich vier Beine zur Verfügung hatten. Und warum begann parallel dazu das Gehirn dieser Affen zu wachsen? So stark zu wachsen, dass heute kein anderes Lebewesen auf der Welt über so viel Hirn bei so wenig Körper verfügt? Auf diese schwierigen Fragen kann man komischerweise eine einfache Antwort geben. Es lag am Wetter.

Wodurch ging das Affen-Paradies zu Ende?

Vor etwa 20 Millionen Jahren herrschte in Afrika ein feuchtes, warmes Klima, der gesamte Kontinent war von dichtem Regenwald bedeckt. Lebewesen, die von Baum zu Baum sprangen, fühlten sich in dieser Umgebung wohl. Hoch oben in den Ästen waren sie sicher vor ihren Feinden,

und wenn sie Hunger hatten, mussten sie nur den Mund aufmachen. Blätter, Rinden oder Früchte waren zwar nicht besonders nahrhaft, aber es gab genug davon. Ein Paradies für Affen.

Aber ein Paradies auf unsicherem Boden. Im Kapitel über die Vulkane kann man nachlesen, dass die Erdkruste, eine nur 30 bis 50 Kilometer dünne Schale über dem heißen Inneren der Erde, immer wieder aufspringt, weil Magma nach außen drängt. Vor 20 Millionen Jahren war

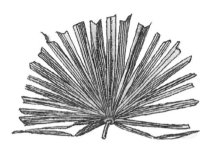

der Osten Afrikas schon bröckelig geworden. Ganz allmählich riss die Erdkruste vom Roten Meer bis nach Mosambik auf. Lava drängte hinaus und türmte sich im Laufe der Jahrmillionen zu Bergen. Zugleich bildete sich ein tiefer Graben, weil die Erdkruste an dieser Stelle zerbrach und sich zwei riesige Platten, die afrikanische und die ostafrikanische, voneinander trennten. Den Graben kann man auf der Landkarte heute gut erkennen. Er heißt Rift Valley.

Irgendwann, in vielen Millionen Jahren, wird an dieser Stelle ein Ozean die auseinander driftenden Platten trennen. Zunächst aber, zur Zeit des Affenparadieses, geschah etwas anderes. Die

NAHE VERWANDTE

Die Erbsubstanzen des Menschen und des Schimpansen stimmen zu 99 Prozent überein. Das heißt, die Affen sind uns nicht nur äußerlich verblüffend ähnlich, sondern auch genetisch.

hohen Lavaberge und der tiefe Graben, das Rift Valley, veränderten das Klima. Während es im größten Teil Afrika heiß und feucht blieb, trocknete der Osten allmählich aus. Die schweren Wolken kamen nicht mehr durch, es wurde kühler und trockener, und der üppige, dichte Regenwald verwandelte sich allmählich in eine offene Landschaft, eine helle Savanne mit Büschen, einzelnen Baumgruppen und wenigen dichten Wäldern. Die Affen bekamen ein Problem.

Wo geht der große Zeh der Affen hin?

Ihre Nahrung verteilte sich jetzt auf eine größere Fläche. Der Weg zur nächsten Banane wurde länger und gefährlicher, die Affen mussten größere Strecken auf dem Boden zurücklegen. Wer sich dabei besonders geschickt anstellte und schnell war, wer beim Laufen von Baum zu Baum möglichst viele Bananen mitnehmen und zugleich schauen konnte, wo der nächste Löwe war, der hatte einen Vorteil. Er war, wie Darwin sagen würde, fitter.

Aber auf zwei Beinen zu gehen, ist nicht einfach. Kleine Kinder müssen es mühsam lernen und fallen ziemlich oft auf die Nase dabei. Selbst Erwachsene tun sich schwer, wenn sie ein paar Whisky getrunken haben. Beim Gehen muss das gesamte Körpergewicht in flottem Wechsel erst auf das eine, dann wieder auf das andere Bein verlagert werden. In Sekundenbruchteilen muss das Hirn die Bewegungen aufeinander abstimmen. Damit die frühen Menschen das schaffen

WO BLIEB DAS FELL?

Mit dem aufrechten Gang verloren unsere Vorfahren allmählich auch ihr Fell, weil unbehaarte Haut beim Laufen besser schwitzen und dadurch den erhitzten Organismus kühlen konnte.

konnten, musste sich ihr Gehirn, aber auch ihr Skelett verändern. Sie brauchten ein größeres Becken, eine Wirbelsäule mit S-Kurve, Füße mit Zehen in Laufrichtung, Kniegelenke zum Durchdrücken, und die Beine sollten sich wegen der schnellen Gewichtsverlagerungen möglichst nahe beieinander befinden. Die menschlichen Oberschenkelknochen sind deshalb viel mehr nach innen gebogen als die von Affen.

All das kann nicht einfach bei der Evolution bestellt werden. Solche Veränderungen passieren in kleinen Schritten, über viele Generationen hinweg, und sie passieren meist zufällig. Ein Affenbaby hat einen großen Zeh, der nicht so absteht wie bei den anderen Affen, und siehe da: Es kann besser gehen damit. Der neue Zeh bewährt sich und wird an die nächsten Generationen vererbt, bei denen der Zeh vielleicht noch etwas weiter nach vorn rutscht. Bis heute können sich viele Leute nicht vorstellen, dass ein so raffiniertes Wesen wie der Mensch, der Mathematik, Internet und Basketball erfunden hat, so beiläufig entstanden sein soll, aus einer Reihe von Zufällen.

Doch die allermeisten Wissenschaftler sind sich sicher, dass die Evolutionstheorie die Entstehung des Menschen sehr gut erklärt. In den vergangenen 150 Jahren sind so viele Überreste von Vor-, Ur- und Frühmenschen gefunden worden, so viele Knochen und Steinwerkzeuge, dass sich damit ausreichend belegen lässt, wie sich der Mensch allmählich weiter entwickelte.

Von der Jagd auf Läuse bis zur Jagd auf Antilopen mussten die Menschen ein ordentliches Stück Evolution zurücklegen. Die Wissenschaft-

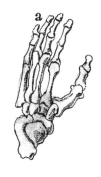

a Fuß des Gorillas

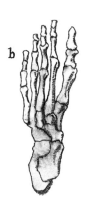

b Fuß des Menschen

ler glauben heute, dass sich unsere Vorfahren sehr lange Zeit hauptsächlich von Blättern, Rinden, Baumsäften, Nüssen und Früchten ernährt haben. Erst als der Hunger immer größer wurde, weil die Nahrung in einer sich verändernden Umwelt schwieriger zu beschaffen war und weil das wachsende Gehirn versorgt werden musste, haben sie sich auch mal an Fleisch heran gewagt.

Wahrscheinlich balgten sie sich mit Hyänen um das, was die Säbelzahntiger übrig ließen, und vielleicht haben sie, um gegen die besseren Zähne der Konkurrenz eine Chance zu haben, schon ihre Intelligenz eingesetzt. Sie lernten, dass sie schneller ans Fleisch kamen, wenn sie mit einem Werkzeug, etwa einem scharfen Stein, Stücke von einer toten Antilope weghackten. Sie lernten, dass sie mit einem lauten Schrei die Hyänen verscheuchen oder, noch besser, den gierigen Konkurrenten mit ihrem Stein eins auf die Nase geben konnten.

Was verraten uns die Steine?

Steine blieben lange Zeit das beliebteste Werkzeug der Menschen, so beliebt, dass die Wissenschaft eine ganze Periode nach den Steinwerkzeugen benannte: Die Steinzeit. Mit zweieinhalb Millionen Jahren ist sie die mit riesigem Abstand längste Periode der menschlichen Geschichte. Man kann allerdings davon ausgehen, dass die Menschen in der Steinzeit nicht nur Steine benutzten, sondern auch Knochen oder Hölzer. Erhalten blieben allerdings nur die stabilen Steine. Keile, Schaber, Hammer, Hacken, Klingen: Das Sortiment in den ersten Baumärkten der Menschheit war klein und wuchs nur langsam.

Ebenso langsam entwickelten sich die Menschen weiter. Die Wissenschaftler haben den Menschenarten, die damals lebten, komplizierte lateinische Namen gegeben. Australopithecus afarensis, der in Äthiopien und Tansania gefunden wurde, stand den Affen noch ziemlich nahe. Er lebte vor drei Millionen Jahren, war nicht viel größer als ein zwölf Jahre altes Kind von heute, er ging aufrecht, hatte aber nur wenig mehr Hirn als ein Affe. Andere Arten wie der Homo Habilis, der Homo Erectus oder der Homo Heidelbergensis waren schon größer und hatten mehr Hirn. Ihr Schädel war gewachsen, ihr Kiefer kleiner geworden, Wirbelsäule, Beine und Becken hatten sich schon so entwickelt, dass sie besser für den aufrechten Gang taugten.

Und noch etwas hatte sich verändert: Der Größenunterschied zwischen Männern und Frauen war geringer geworden. Das ist wichtig, weil sich auch in der Tierwelt Männchen mit etwas größeren Weibchen meistens mehr um ihre Familie kümmern als Männchen mit viel kleineren Weibchen. So wurden auch die ersten Menschen immer familiärer, Papa und Mama kraulten sich öfter mal und passten auf ihre Kinder besser auf.

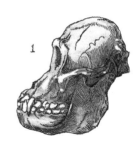

1   Orang-Utan

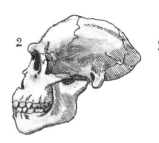

2   Homo Erectus

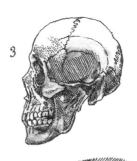

3   Mensch

Was haben Rodeoreiter mit Urmenschen gemeinsam?

Noch wissen die Wissenschaftler nicht genau, welche der verschiedenen Menschenarten sich durchsetzte. Man glaubt, dass lange Zeit verschiedene frühe Menschentypen nebeneinander lebten und manche von ihnen einfach ausstarben. Ziemlich sicher sind sich die Wissenschaftler aber, dass vor etwa einer Million Jahren wieder Schwung in die Menschheitsentwicklung kam: Die ersten Urmenschen verließen Afrika, wanderten nach Asien und Europa.

Das Einwandern verlief nicht so, wie wir uns das heute vorstellen. Die frühen Menschen konnten noch nicht sprechen. Sie hatten auch keinen Rucksack für ihr Gepäck, und das Rad war noch lange nicht erfunden. Sie waren Noma-

den, die durch die Gegend zogen. Wenn es in einem Teil der Savanne nicht genug zu essen gab, versuchten sie es in einem anderen. Wahrscheinlich zogen sie Tierherden hinterher, weil es in deren Nähe immer etwas zu essen gab.

In ihren neuen Heimatgebieten lernten die Menschen viele neue Dinge, zum Beispiel, wie man richtig gut jagt. Zu Anfang muss die Jagd ein ziemliches Abenteuer gewesen sein. Die frühen Jäger stürzten sich mit ihren Steinen oder Hölzern auf einzelne, meist schwache Tiere und erlegten sie. Ein Wissenschaftler hat einmal die Abschürfungen, Brüche und Verletzungen an den Knochen der ersten Jäger untersucht und mit einer Datenbank verglichen, in der Krankendaten von heute gespeichert sind. Er fand heraus, dass die frühen Verletzungen am ehesten denen von Rodeoreitern ähneln. Die frühen Jäger haben offenbar versucht, die Tiere einfach mit den Händen festzuhalten und wurden kräftig herumgeschleudert. Das tat weh und brachte wenig ein. Es lohnte sich also, das neue große Hirn einzusetzen. Speere zu schnitzen, Messer zu schärfen, Pfeile anzuspitzen.

Vor hunderttausend Jahren war die Jagdtechnik in Europa schon recht weit fortgeschritten. In Schöningen, in Niedersachsen, fand man die Überreste von 20 Pferden und acht Fichtenholzspeeren. Das zeigt: Hier wurde schon sehr erfolgreich gejagt. Und Pferde zu jagen, ist kein Kinderspiel. Die frühen Jäger mussten sich geeinigt haben, wer die Pferde treibt und wer sie erlegt. Sie brauchten einen Plan.

Damals lebten in Europa noch die Neandertaler, robuste gedrungene Menschen mit viel

LERNEN

»Neugier«, sagt der Verhaltensforscher Eibl-Eibefeldt, ist der hervorragendste Wesenszug des Menschen. »Uns kennzeichnet der Drang, aktiv neue Situationen aufzusuchen, um neue Fertigkeiten zu erproben.«

SPRACHE

Die Wissenschaftler glauben, dass sich die Sprache mit der Vergrößerung des Hirns entwickelte – und mit dem aufrechten Gang, der zuließ, dass der Kehlkopf weiter nach unten wanderte und sich die Stimmbänder ausbilden konnten. So wurden aus einem »uh uh uh« immer kompliziertere Laute und schließlich richtige Wörter, die für eine bestimmte Sache stehen. Dass die Wörter planvoll in Sätzen verbunden werden, ist wahrscheinlich eine jüngere Erfindung der Menschheit, entwickelt vor zwei- oder dreihunderttausend Jahren. Leider kann man so etwas wie die Sprache nicht ausgraben, deshalb sind die Sprachforscher auf viele Vermutungen angewiesen. Einige Wissenschaftler meinen jedoch, nunmehr ein Gen entdeckt zu haben, dass uns zum Sprechen befähigt: Gen FOX P2 reguliert die Bewegungen des Gesichts, der Kehle, der Stimmbänder und scheint damit die Sprachfähigkeit zu beeinflussen. Aber gesichert sind diese Erkenntnisse noch nicht. Sicher ist hingegen, dass die Sprache für den Fortschritt der Menschheit extrem wichtig war. Plötzlich konnte man komplizierte Erfahrungen weitergeben, Dinge in der Gruppe besprechen und den Kindern etwas beibringen, zum Beispiel, dass man nicht mit Schlangen spielen soll.

Muskeln. Sie trugen Fellkleider, konnten aus Holz raffinierte Werkzeuge schnitzen, haben manchmal sogar schon ihre Toten bestattet. Verglichen mit dem Leben der Urmenschen, das sich noch nicht sehr von dem der Affen unterschied, waren die Neandertaler schon viel menschlicher. Vor allem hatten sie schon eine Sprache.

Für den Neandertaler, der im eiszeitlichen Europa überleben musste, war dies ein großer Vorteil. In der Eiszeit, die erst vor zehntausend Jahren endete, war nur der Süden Europas eisfrei. Skandinavien, England, Norddeutschland lagen unter mächtigen Gletschern, südlich davon war es im Schnitt mindestens fünf Grad kälter als heute. Oft wehte ein eisiger Wind, Schneestürme tobten, das Leben war hart. Man brauch-

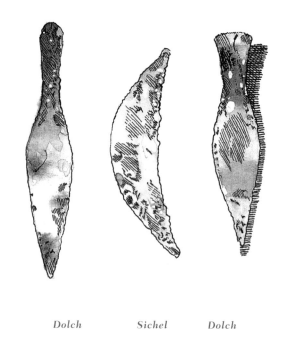

Dolch   *Sichel*   *Dolch*

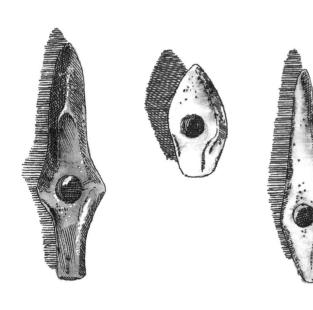

Polierte Steinwerkzeuge

ERSTE WERKZEUGE

Die allerersten menschlichen Werkzeuge wurden in Äthiopien gefunden, in der Olduwaischlucht. Zweieinhalb Millionen Jahre sind sie alt, und es ist kaum zu erkennen, dass es sich überhaupt um Werkzeuge handelt. Ihre Erfinder haben sich bei der Herstellung nicht viel gedacht, mit ein paar Schlägen eine Ecke weggehauen, den Stein etwas angespitzt, das reichte. Erst vor einer Million Jahren tauchte der Faustkeil auf, ein Stein, der von mehreren Seiten behauen wurde. Wer einen Faustkeil baute, musste sich hinsetzen und überlegen, wie er aussehen sollte. Bei allem Respekt für die Faustkeilbauer: Besonders aufregend war es nicht, was die Menschheit in ihrer langen Kindheitsphase an Werkzeugen zustande brachte. Zwei Dutzend Steinwerkzeuge. Das war alles.

te ein Camp, ein Dach über dem Kopf, eine Höhle oder wenigstens ein paar Zelte aus Fellen, in denen die Gruppe, wahrscheinlich ein Clan von ein, zwei Großfamilien, die Nacht verbringen konnte.

Wie sah ein Tag bei den Neandertalern aus? Morgens brauchten sie wahrscheinlich eine Weile, um wach zu werden. Einen Wecker gab es nicht, so dösten sie vor sich hin, bis der Hunger und der Druck auf die Blase größer wurden. Die Forscher sind sicher, dass die Neandertaler in ihren Camps schon ein paar Vorräte anlegten, ein Stück Mammutfleisch, eine Ladung Bucheckern, aber von einer Speisekammer konnte noch keine Rede sein. Ein paar Stunden am Tag mussten sie Nahrung suchen.

Essen zu organisieren war vor 50 000 Jahren nicht so einfach wie heute. Wegen der Eiszeit gab es keine Wälder, sondern hauptsächlich Steppen mit Sträuchern und einfachen Gräsern, im Sommer bildeten sich auch Sümpfe mit Schwärmen von Stechmücken. An geschützten Stellen konnte man Beeren und Nüsse, Bucheckern oder auch kleine Kräuter finden, die als Nahrung willkommen waren.

Hatten die Neandertaler ein mieses Leben?

Durch die hügelige Landschaft Süddeutschlands zogen damals Mammuts, Rentiere, Wollnashörner und kleine Pferde, immer auf der Suche nach Futter. Genauso wie die Menschen, die das Wild treiben, es mit Speeren und Pfeilen zur Strecke bringen mussten. Trotzdem reichte die Jagd allein zum Überleben nicht aus, die frühen Europäer lebten auch vom Sammeln. Sie kannten sich in der Natur gut aus, wussten, wo Nüsse und Beeren wuchsen.

So anstrengend und hart, wie wir es uns in unseren Einfamilienhäusern mit Kühlschrank, Zentralheizung und Hausapotheke vielleicht vorstellen, war das Leben der Neandertaler aber wohl nicht. Zwar wurden die Neandertaler nicht besonders alt, im Schnitt 30 bis 40 Jahre, sie hatten oft Hunger, litten an Parasiten, und manch einer wurde auch von Wölfen, Bären oder Löwen zerrissen. Aber es gab auch schöne, entspannte Tage mit genug Essen. Auf jeden Fall hatten die Neandertaler ziemlich viel Freizeit, sie mussten kein

Geld verdienen und machten sich keine Sorgen um die Zukunft oder das Alter. Sie wussten zwar, dass es Tag und Nacht wird und dass es kalte und warme Zeiten gibt, aber dass die Zeit vergeht, wussten sie nicht.

Auch die Neandertaler waren nur Vorläufer der heutigen Menschen. Sie lebten wahrscheinlich einige hunderttausend Jahre in Europa und Asien, doch der Sprung zum modernen Menschen gelang ihnen nicht. Die ersten richtigen Menschen, die so aussehen wie wir, den gleichen Knochenbau, den gleichen Schädel besitzen, wurden nicht in Europa, sondern in Afrika geboren. Vor etwa 150 000 Jahren, glauben die Wissenschaftler, tauchte dort der erste moderne Mensch auf, der Homo sapiens sapiens. »Sapiens« ist lateinisch und heißt »weise«. Für die Wissenschaftler sind wir also ganz besonders weise. Ob weise oder nicht, sicher ist auf jeden Fall, dass die neue Menschenart Homo sapiens sapiens außerordentlich fit war. So fit wie wir halt. Vor 35 000 Jahren tauchten die modernen Menschen erstmals in Europa auf und breiteten sich unaufhaltsam aus. Sie verfügten über mehr als hundert verschiedene, zum Teil sehr zierliche und hübsche Werkzeuge aus Stein, aber auch aus Knochen, Rentiergeweihen und Elfenbein. Sie benutzten Messer mit Griffen, Nadeln mit Ösen, feine Schaber und Kratzer. Sie jagten und fischten, bauten sich stabile Hütten aus Tierfellen, höhlten Baumstämme aus für Kanus, nähten Kleider. Auch die ersten Malereien und Skulpturen entstanden in dieser Zeit. In Tübingen befindet sich ein 35 000 Jahre altes Pferdchen aus Elfenbein, das als erstes Kunstwerk der Welt gilt.

GIBT ES EVA?

Warum der moderne Mensch in Afrika geboren wurde, und wie es dazu gekommen ist, wissen die Forscher noch nicht. Es gibt Genbiologen, die glauben, dass es in einem afrikanischen Stamm eine Frau gab, die den ersten modernen Menschen zur Welt brachte, der sich dann sehr erfolgreich vermehrte und die anderen Typen, wie beispielsweise die Neandertaler, einfach verdrängte. »Eva« nennen die Forscher diese Ur-Mutter. Auf die Idee mit Eva kamen sie, weil sie entdeckten, dass sich die heutigen Menschen, egal ob sie in Afrika, Europa oder Amerika leben, und egal, ob sie schwarze, gelbe oder weiße Hautfarbe haben, genetisch sehr wenig voneinander unterscheiden. Diese Ähnlichkeit deutet daraufhin, dass alle Menschen einer verhältnismäßig kleinen Gruppe entstammen.

Andere Wissenschaftler glauben nicht an eine einzige Eva, sondern daran, dass sich modernere Menschen mit weniger modernen mischten und die Populationen sich allmählich in Richtung moderner Mensch entwickelten, ähnlich wie bei den Urmenschen vor sechs Millionen Jahren.

Die Höhlen in Lascaux und Altamira sind mit Bildern von Tieren und Jägern bemalt, über deren Schönheit wir heute nur staunen können. Ob die Höhlengemälde allerdings Kunst waren nach unserem heutigen Verständnis oder einem anderen Zweck dienten, der Religion, der Jagd, wissen wir nicht.

Die Höhlenmaler erfanden nicht nur jede Menge neuer aufregender Dinge, sie waren auch äußerst fruchtbar und vermehrten sich. Es war, als ob nach der langen gemütlichen Frühphase der Menschheit plötzlich die Post abging. Von Afrika aus zog Homo sapiens sapiens nicht nur nach Europa, sondern auch nach Asien, Australien und sogar nach Amerika. Weil damals viel Wasser in den riesigen Gletschern gebunden war, lag der Meeresspiegel niedrig. Zwischen Asien und Amerika, die heute durch die Beringstraße getrennt sind, gab es eine Landverbindung. So konnten die ersten Amerikaner zu Fuß von Sibirien nach Alaska wandern.

ABSTAMMUNG

In seinem Buch »Die sieben Töchter Evas« zeigt der englische Genetiker Bryan Sykes, wie die Erbsubstanz über Hunderte von Generationen nahezu unverändert weitergegeben wird. Er behauptet, die komplette Bevölkerung Europas sei auf sieben Frauen, »Clanmütter«, zurückzuführen, die ihrerseits auf eine afrikanische »Urmutter« zurückgehen.
Richtig daran ist, dass alle Europäer genetisch eng verwandt sind. Ihre genaue Abstammung lässt sich aber schwer beweisen.

Und warum stammt der Mensch vom Affen ab?

Wieder war also das Wetter, die kühle Eiszeit, der Grund, dass die Menschen sich ausbreiteten, Fortschritte machen konnten. Viele Wissenschaftler glauben, dass die kühlen Temperaturen der Eiszeit die frühen Bewohner unseres Kontinents zwangen, sich immer neue Methoden auszudenken, um Schutz zu finden und Nahrung zu beschaffen. Sie stellten fest, dass in der

Geschichte der Menschheit auf eine Kälteperiode oft ein Fortschritt in der Kultur folgte. Immerhin war es schon vor vielen Millionen Jahren der Wechsel von einem tropischen zu einem trockenen, kühlen Klima, der die ersten Affen in die Savanne trieb. Können wir also sagen, dass unsere Frage wirklich mit einem einzigen Satz beantwortet werden kann: Es lag am Wetter?

Im Prinzip ja. Wir müssen nur das Wort Wetter durch das Wort Umwelt ersetzen. Zur Umwelt gehört nicht nur das Wetter oder genauer: das Klima. Es gehören auch die Tiere dazu, die Pflanzen, Berge und Flüsse. Alles kann sich verändern und sich gegenseitig beeinflussen. Veränderungen der Umwelt haben dazu geführt, dass vor sieben Millionen Jahren in Ostafrika zweibeinige Affen besser zurecht kamen als ihre vierbeinigen Verwandten. Veränderungen der Umwelt haben dazu geführt, dass es sich für die Urmenschen lohnte, neue Jagd- und Sammelgebiete zu erobern. Und dass sie heute die Erde beherrschen wie keine Art zuvor. Wir sollten allerdings nicht vergessen, dass es die Menschen erst seit wenigen Millionen Jahren gibt. Ein paar Veränderungen der Umwelt, und niemand wird sich mehr an sie erinnern.

Warum beten die Muslime auf Teppichen?

»Es gibt keinen Gott außer Gott und Mohammed ist sein Gesandter.« So lautet das Glaubensbekenntnis der Muslime. Ein einziger Satz. Wer ihn ausspricht und es ernst meint damit, der darf sich Muslim nennen, er hat die wichtigste Voraussetzung für den Beitritt zum Islam erfüllt.

So einfach geht es zu in der zweitgrößten Religion der Welt. Oder jedenfalls meistens. Denn der Islam kennt zwar keine Kirche und keine Priester. Aber ein paar Regeln und Gebote gibt es doch, und die sind im Heiligen Buch der Muslime, im Koran, festgehalten. Zum Beispiel das Gebot mit dem Teppich, auf dem die gläubigen Muslime ihre Gebete verrichten, obwohl in dem Gebot selbst von einem Teppich gar keine Rede ist. Oder das Gebot mit dem Fasten im Ramadan. Einen Monat lang dürfen die Muslime nichts essen, solange die Sonne scheint.

Und dann das Gebot mit dem Kopftuch, das alle Frauen tragen müssen, sobald sie das Haus verlassen. Doch halt! Ist das überhaupt ein Gebot?

Wie sich Religionen bilden, was sie unterscheidet und verbindet, untersuchen an der Universität die Religionswissenschaftler. Für Religionswissenschaftler sind die Religionen ganz normale Forschungsgegenstände. Theologen beschäftigen sich dagegen hauptsächlich mit der Religion, der sie selbst auch angehören und der sie sich besonders verbunden fühlen. Zusätzlich gibt es Forscher, die sich auf einzelne Religionen spezialisiert haben wie der Tübinger Islamwissenschaftler Professor Lutz Richter-Bernburg. Er hat uns bei diesem Kapitel wissenschaftlich beraten.

Alle Religionen haben mit ewigen Dingen zu tun, mit Gott oder dem Paradies, und deshalb tun sie manchmal so, als seien sie selbst auch ewig. In Wahrheit entstehen Religionen im Laufe der Zeit, und sie können auch wieder vergehen. So wie die Religion der alten Griechen oder die der Germanen.

Wie entsteht eine Religion? Kann man sie einfach gründen wie eine Stadt oder einen Fußballverein? Im Prinzip ja. Wer eine Religion gründen will, muss allerdings Anhänger finden und andere Menschen begeistern. Das ist gar nicht so einfach. Man sollte nämlich Antworten auf ein paar komplizierte Fragen geben können.

Warum gibt es mich? Wie lebe ich richtig? Was passiert nach meinem Tod? Das sind solche Fragen. Viele Religionsstifter wollten gar keine neue Religion gründen, sie waren bloß mit der alten unzufrieden, die diese Fragen nicht befriedigend beantworten konnte.

Es gibt heute fünf große Religionen auf der Welt, das Christentum, den Islam, den Buddhismus, den Hinduismus, das Judentum. Daneben gibt es noch viele kleine Religionen, in denen Götter, Geister und Schamanen eine Rolle spielen, die aber von den Weltreligionen nicht richtig ernst genommen werden. Vier der großen Weltreligionen sind entstanden, weil ein einzelner Mensch, ein weiser und außergewöhnlicher Mensch, Anhänger um sich versammelte und so sehr begeisterte, dass sie seine Gedanken auch über seinen Tod hinaus verbreiteten. Jesus war so ein Mensch. Auf ihn berufen sich die Christen. Siddharta Gautama, ein indischer Prinz, der unter einem Feigenbaum erleuchtet wurde, war

ein anderer. Auf ihn berufen sich die Buddhisten. Von Moses, der vom Berg Sinai die Gesetze des jüdischen Glaubens mitbrachte, wissen wir nicht viel. Aber auch er muss ein außergewöhnlicher Führer des Volkes gewesen sein. Und Mohammed, der Gründer des Islam, ist der letzte der großen Religionsstifter. Auch er war ein besonderer Mensch.

Nach Erzählungen, die viele hundert Jahre alt sind, kam Mohammed aus einer ganz normalen Familie. Er wurde, wahrscheinlich im Jahre 570, in Mekka geboren, einer wohlhabenden Handelsstadt, in der damals die Kamelkarawanen zwischen Syrien und dem Jemen Station machten. Mekka liegt im heutigen Saudi-Arabien, einem Staat, der von einem König regiert wird. Als Mohammed geboren wurde, beherrschten verschiedene Stämme das Land. Manche zogen durch die Gegend wie Nomaden, andere wohnten in Städten oder Dörfern. Mohammeds Eltern Abdallah und Amina gehörten zum Stamm der

Quraisch, der in Mekka herrschte, aber sie starben sehr früh. Der Junge wurde von seinem Großvater und seinem Onkel erzogen, einem armen, aber geachteten Mann. Zunächst hatte er ein wenig aufregendes Leben und arbeitete als Kaufmann bei einer reichen Witwe, die eine Spedition betrieb und Kamelkarawanen auf die Reise schickte. Mohammed führte ihre Geschäfte, und die beiden verstanden sich so gut, dass sie beschlossen zu heiraten und Kinder zu bekommen. 25 Jahre war Mohammed damals alt und viel jünger als seine Frau.

Irgendwann muss Mohammed begonnen haben, über die großen Fragen des Lebens nachzudenken. Er zog sich in eine Höhle zurück und betete. Die Bewohner Mekkas beteten damals zu vielen Göttern gleichzeitig. Die Götter hießen Manat, Wadd oder Allat, sie wohnten in Bäumen, Steinen oder in Statuen, und man musste sie mit blutigen Opfern, schönen Düften und regelmäßigen Wallfahrten zufrieden stellen. Es war ein ziemliches Durcheinander. Der höchste Gott in Mekka trug den Namen Allah, was einfach nur »der Gott« hieß, aber er wurde nicht besonders verehrt. Mohammed konnte mit den vielen Göttern in seiner Heimat nichts anfangen. Er war stattdessen beeindruckt von zwei anderen Religionen, die sich in Arabien ausgebreitet hatten, dem Judentum und dem Christentum. Beide Religionen kannten bloß einen Gott.

Eines Tages hatte Mohammed in seiner Höhle eine Vision. Der Erzengel Gabriel erschien ihm in einem strahlend weißen Licht, übermittelte ihm die Botschaften Gottes und forderte ihn auf, diese Botschaften weiterzutragen. Mohammed war unsicher und beriet sich mit seiner Frau, was er davon halten sollte. Schließlich beschloss er, der Aufforderung des Engels zu folgen. So wurde Mohammed zum Propheten, zu einem Menschen, durch den Gott spricht. Für Mohammed gab es nur einen Gott, Allah, und der wohnte nicht in irgendwelchen Bäumen oder Steinen. Allah, lehrte Mohammed, ist überall. Er ist der einzige, der wahre, allmächtige und barmherzige Gott. 22 Jahre lang hörte Mohammed immer wieder neue Botschaften von Allah und verbreitete sie unter seinen Leuten.

DIE ERSTEN RELIGIONEN

Überreste von Gräbern und Opfern deuten darauf hin, dass es schon in der Steinzeit vor über zehntausend Jahren religiöse Bräuche gegeben hat. Von Religionen mit festen Institutionen, Ritualen, Tempeln und Priestern wissen wir aber erst seit dem 4. Jahrtausend vor unserer Zeitrechnung. Vor allem in Ägypten und in Mesopotamien entwickelten sich bedeutende Religionen mit einer Vielzahl von Göttern. Die Taten dieser Götter wurden in »Mythen« beschrieben. In solchen Erzählungen versuchten die Menschen, sich und ihre Herkunft zu verstehen.

Leben die Muslime in einer anderen Zeit?

Mohammed lehrte zunächst in seiner Heimatstadt, in Mekka. Doch hier, wo er als Kind gelebt hatte und groß geworden war, folgten ihm gerade einmal 70 Getreue. In Mekka war Mohammed ein Störenfried. Er störte die Geschäfte der Reichen und Mächtigen, er gab sich mit Habenichtsen ab, ließ sogar seinen Sklaven frei. Eine Zeit lang schützte ihn noch sein Onkel vor den anderen Clans seines Stammes. Doch schließlich

musste er mit seinen Anhängern auswandern. Eine Legende sagt, dass Mohammed, der als Letzter seines Clans ging, von den Mekkanern verfolgt wurde und in eine Grotte flüchtete. Weil eine Spinne den Eingang der Grotte sofort mit einem Netz bedeckte, dachten die Feinde, hier könne er nicht sein. So konnte er sich nach Medina retten, in eine Oase mit drei Dörfern. Das war im Jahre 622. Für die Muslime ist dieses Jahr so wichtig, dass sie später beschlossen, es zum ersten Jahr ihrer Zeitrechnung zu machen.

So wie die Christen, die das Geburtsjahr von Jesus zum ersten Jahr ihrer Zeitrechnung erklärten, haben also auch die Muslime ihre eigene Zeit, allerdings hat sie sich nicht so durchgesetzt wie die christliche.

In Medina lebten damals fünf Stämme, darunter drei jüdische, die miteinander verfeindet waren. So wurde Mohammed rasch zum wichtigsten Führer im Ort. Er war ein liebenswürdiger Mensch, der viel Selbstvertrauen hatte und sehr gut verhandeln konnte. Er schlichtete Streitigkeiten, überzeugte und versöhnte alte Feinde. So gelang es ihm, mit seinen Anhängern aus Mekka die Macht in Medina zu übernehmen und das erste islamische Gemeinwesen zu gründen. Stämme aus der ganzen Region schlossen sich diesem Gemeinwesen an, die meisten freiwillig, manche erst nach Kämpfen. Auch Mohammeds Heimatstadt Mekka kam nicht freiwillig zum Islam. Drei Mal versuchten die Mekkaner, die Muslime um Mohammed zu schlagen. Doch Mohammed und seine Leute waren stärker. 630 gab Mekka auf und trat der neuen Religion bei. Als Mohammed zwei Jahre später starb, hatte er die ganze arabische Halbinsel vereinigt. Die vielen Stämme, die dort lebten, hatten zuvor ihre eigenen Gottheiten angebetet. Jetzt verehrten sie alle den gleichen Gott, Allah. Sie waren, genau wie die Juden und die Christen, »Monotheisten« geworden, Menschen, die nur an einen Gott glauben.

In allen großen Religionen sind die wichtigen Lehrsätze in einem oder mehreren Büchern gesammelt. Geschrieben wurden diese Bücher erst nach dem Tod des Stifters, von besonders

DIE ZEIT DER MUSLIME

Der muslimische Kalender gilt heute hauptsächlich im religiösen Bereich. Im Alltag halten sich die meisten Muslime an den gregorianischen Kalender der Christen. Die arabischen Tageszeitungen geben die Jahreszahlen doppelt an, in muslimischer und in gregorianischer Zeit. Nur in Saudi-Arabien, im Iran und im Sudan lebt man ausschließlich nach dem islamischen Kalender. Weil das islamische Jahr elf Tage kürzer ist als das gregorianische, werden die Jahreszahlen sich einmal treffen. Das ist aber erst in über 19 000 Jahren der Fall.

HADITHE

Nach dem Tod des Propheten gab es Streitigkeiten über die Nachfolge. Die rivalisierenden Gruppen versuchten, ihre Positionen mit Hadithen zu belegen, den Erzählungen aus Mohammeds Leben. Prompt wurden Hadithe erfunden oder gefälscht, weshalb man den Erzählungen später zur Sicherheit die verschiedenen Übermittler in langen Ketten voranschickte. Das ging etwa so: Ibn Abi Anas hat erzählt, sein Vater habe erzählt ...

treuen Anhängern, so dass man nicht immer ganz sicher sein kann, ob die Lehrsätze auch wirklich vom Stifter der Religion stammen. Die meisten Gläubigen sind aber überzeugt, dass die Lehren aus den Büchern stimmen und dass Gott hinter ihnen steht. Das heilige Buch des Islam ist der Koran. Das Wort Koran ist arabisch und bedeutet so viel wie »auswendig gelernter oder gelesener Vortrag«. Obwohl auch Mohammeds Lehren erst nach seinem Tod aufgeschrieben wurden, sind die Wissenschaftler heute ziemlich sicher, dass sie tatsächlich von Mohammed stammen.

Für die Muslime ist der Koran nicht nur ein heiliges Buch, sondern Gottes eigenes Wort. Im Koran spricht Gott selbst, deswegen ist jedes Wort wahr, wie jedenfalls fromme Muslime glauben. Der Koran ist für sie eine genaue Kopie des Ur-Korans, den Gott im Himmel aufbewahrt. Mohammed hat die Lehren nur verkündet, er ist ein Bote, ein Mensch und kein Heiliger. Dennoch wurde der Prophet für seine Anhänger rasch eine Art Heiliger. Heute würden wir sagen: so etwas wie ein Superstar. Man erzählte sich unzählige tolle Geschichten über ihn, die alle gesammelt und aufgeschrieben wurden. Die Bäume hätten sich verneigt, wenn er vorbeiging, und die Sonne hätte sich verdunkelt. Hadithe heißen diese Geschichten, und sie sind sehr populär bei den Muslimen, oft sogar populärer als der Koran. Heute kann man sich Hadithe sogar per SMS aufs Handy schicken lassen.

Der Koran ist nicht gerade ein Buch wie Harry Potter, das man in einem Rutsch durchliest. Es ist ziemlich dick und in 114 Abschnitte unterteilt, in die »Suren«, die aus einzelnen Versen bestehen und der Länge nach sortiert sind. Im Koran steht, dass man Allah anbeten soll und keine steinernen Götzen und dass man ein gutes und gerechtes Leben führen soll. Der Koran warnt vor dem Jüngsten Gericht, das entscheidet, wer in den Himmel und wer in die Hölle kommt. Er bestimmt religiöse Bräuche, regelt das Leben der Muslime, einzeln und in Gemeinschaft, und schreibt sogar Gesetze vor.

JESUS UND DER KORAN

Wie viel Christentum und Islam gemeinsam haben, lässt sich auch daran erkennen, dass der Text des Korans beispielsweise auch einige Berichte über Jesus von Nazareth enthält, dessen jungfräuliche Geburt ausdrücklich anerkannt wird. Allerdings gilt Jesus nicht als Sohn Gottes, sondern lediglich als letzter großer Prophet vor Mohammed.

Warum streitet man sich über Kopftücher?

Der Koran ist für die gläubigen Muslime auf der Welt außerordentlich wichtig. Viele Kinder müssen ihn in den Koranschulen von vorn bis hinten auswendig lernen, obwohl er viele tausend Verse zählt. Und weil Allah nach Ansicht der Muslime arabisch spricht, müssen die Kinder die Koranverse sogar in Arabisch lernen, auch wenn sie selbst kein Arabisch verstehen.

Die Muslime in aller Welt berufen sich auf den Koran, allerdings sind sie nicht immer einer Meinung über seine Bedeutung. Im Koran steht zum

FRAUEN IM ISLAM

Mit der Gleichberechtigung der Frauen tut sich der Islam schwer. Nach dem Koran hat der Mann in der Gesellschaft und besonders in der Ehe das Sagen. Die Frau kümmert sich um den Haushalt und die Kinder. In Ländern wie Saudi-Arabien dürfen Frauen nicht einmal Auto fahren. Während der Mann auch eine Nichtmuslimin heiraten kann, darf eine Muslimin nur einen Muslimen heiraten. Der Mann darf seine Frau auch wieder verstoßen, wenn er sie nicht mehr mag oder eine andere möchte. Die Ehefrau darf sich dagegen nicht scheiden lassen.

Beispiel, dass eine Frau etwas von ihrem Gewand überziehen soll, wenn sie ausgeht. Im Koran steht nichts von einem Kopftuch oder gar von einer kompletten Gesichtsverhüllung, wie es in Afghanistan vorgeschrieben war.

Trotzdem gibt es wegen des Kopftuchs der Musliminnen viele Diskussionen. Das Kopftuch ist ein Zeichen der Unterdrückung, sagen viele in den westlichen Ländern, und die Männer dürfen den Frauen nicht vorschreiben, was sie anziehen sollen. Wahrscheinlich tragen etliche muslimische Frauen das Kopftuch deshalb, weil ihre Männer und die Familie es von ihnen verlangen. Aber es gibt auch Frauen, die mit dem Kopftuch ganz bewusst ihre Religion zeigen wollen und es vielleicht auch ganz gut finden, wenn die Frauen nicht so oft daran denken, wie sie den Männern gefallen.

In den deutschen Schulen dürfen die muslimischen Schülerinnen ein Kopftuch tragen. Manche Schülerinnen tun es, weil die Eltern es sagen, manche freiwillig. Ein Vergnügen ist es bestimmt nicht, im Klassenzimmer ein Kopftuch zu tragen. Viele Mitschüler finden es uncool und machen Witze über Anatolien, auch manche Lehrer sind nicht unbedingt begeistert. Dabei herrscht in Deutschland Religionsfreiheit, und man darf an alles glauben, sogar an den großen Kürbis oder an Franz Beckenbauer. Komischerweise dürfen muslimische Lehrerinnen genau wegen der Religionsfreiheit kein Kopftuch tragen. Sie sollen die Kinder nicht beeinflussen.

Auch innerhalb des Islam ist das Kopftuchtragen umstritten. In Saudi-Arabien und im Iran darf eine Frau ohne Kopftuch nicht auf die Stra-

ße, in der Türkei ist dagegen das Kopftuchtragen offiziell eher verpönt, seit der Gründer der Türkischen Republik, Kemal Atatürk, den Islam als Staatsreligion abgeschafft hat. Je nach Regierung wird das Kopftuchtragen in der Türkei sogar verboten, besonders in öffentlichen Gebäuden und Universitäten. Überzeugte Musliminnen kaufen deshalb Perücken mit langen schwarzen Haaren, um ihren Kopf zu bedecken, manche verzichten sogar aufs Studium.

Die meisten muslimischen Schülerinnen in Deutschland kommen aus der Türkei und sehen das nicht so eng. Sie ziehen modische Kleider an, schminken sich und flirten mit den Jungs genau wie die deutschen Mädchen. Und mit Kopftüchern haben sie wenig im Sinn. Die Eltern machen sich dann Sorgen und sagen, dass früher alles besser war. Aber das sagen Eltern immer.

Alle Gebote des Islam berufen sich auf den Koran. Doch sind im Koran, wie man beim Kopftuchtragen sehen kann, die Einzelheiten oft nicht genau bestimmt. Auch die fünf wichtigsten Gebote sind erst nach Mohammeds Tod festgelegt worden. Die Muslime nennen sie »die fünf Säulen«. Diese fünf Säulen müssen alle Muslime auf der Welt beachten.

Die erste Säule ist das Glaubensbekenntnis. »Es gibt keinen Gott außer Gott und Mohammed ist sein Gesandter«, lautet es. Einfacher und klarer geht es nicht. Das Glaubensbekenntnis der Muslime zeigt, worauf der Islam Wert legt. Er will mit den vielen Göttern der alten Religion nichts mehr zu tun haben. Der Islam kennt nur einen Gott, Allah. Wer daran nicht glaubt, kann kein Muslim sein.

Die zweite Säule ist das Gebet. Fünfmal am Tag soll ein Muslim zu Allah beten, und darauf muss er sich vorbereiten. Wer sich an Allah wendet, muss rein sein. Die Muslime waschen sich deshalb vor dem Gebet das Gesicht, die Hände und Unterarme sowie die Füße. Außerdem streichen sie über ihren Kopf. Normalerweise benutzen sie Wasser zur Reinigung, doch können sie, falls sie in der Wüste sind und kein Wasser zur Verfügung haben, auch sauberen Sand dafür nehmen.

Reinheit ist auch der Grund, warum die Muslime auf dem Teppich beten und vor dem Gebet sogar ihre Schuhe ausziehen. Viele Muslime tragen immer einen kleinen Gebetsteppich bei sich, den sie zum Gebet ausbreiten, doch dürfen sie notfalls auch eine andere saubere Unterlage auf den Boden legen, eine Pappe zum Beispiel, ein Handtuch oder eine Bademate. Hauptsache, sie ist rein.

WIE GEBETET WIRD

Das Gebet der Muslime besteht nicht aus einem bestimmten Text, sondern aus einer Folge von Körperbewegungen. Die Betenden müssen sich verneigen, hinknien und den Boden zweimal mit der Stirn berühren. Zum Schluss wird der Kopf einmal nach rechts und einmal nach links gewendet.

URVATER ABRAHAM

Alle drei monotheistischen Religionen (Judentum, Christentum,
Islam) beziehen sich auf Abraham, der rund zweitausend Jahre
vor unserer Zeitrechnung im Gebiet des heutigen Irak, zwischen
den Flüssen Euphrat und Tigris,
gelebt haben soll. Auf den Glauben Abrahams berufen sich die
von Moses und Mohammed gestif-
teten Religionen. Im Koran ist Abraham (arabisch: Ibrahim) einer
der wichtigsten Propheten.

Rein ist etwas anderes als sauber. Muslime müssen sich nicht die Zähne putzen oder in einem
Dampfbad den Rücken schrubben, bevor sie
beten. Sie sollen sich bloß bewusst machen, dass
ein Gespräch mit Allah etwas Besonderes ist. Die
Dinge, mit denen man sich im Alltag beschäftigt, müssen während des Gebets ruhen. Die
Waschungen und das Beten auf dem Teppich
haben also nicht in erster Linie mit Sauberkeit
zu tun. Es sind Rituale, bedeutungsvolle Hand-
lungen, die in allen Religionen eine große Rolle
spielen.

Warum genau fünfmal am Tag gebetet werden
muss, weiß man nicht. Doch hat schon der Prophet fünfmal gebetet. Die Zeiten sind genau
festgelegt, sie richten sich, weil es damals noch
keine Uhren gab, nach dem Stand der Sonne.
Außerdem müssen sich die Muslime bei ihren
fünf Gebeten in die gleiche Richtung wenden,
nach Mekka. Die Stadt in Saudi-Arabien ist der
Mittelpunkt, der alle Muslime der Welt verbindet. Vor 1000 Jahren haben islamische Gelehrte
extra ausgerechnet, wie Muslime von jedem

Punkt der Erde aus nur mit Hilfe der Sterne die Richtung nach Mekka finden können. Trotzdem dürfen auch Muslime beten, die sich mit diesen Berechnungen nicht so gut auskennen. Es reicht, wenn sie ungefähr die Richtung finden.

Gebetet werden darf an jedem Ort der Welt. Wenn allerdings andere Muslime in der Nähe sind, empfiehlt der Koran, dass die Muslime gemeinsam beten. Die Gebetshäuser heißen Moscheen, was auf Deutsch »Orte des Sich-Niederwerfens« heißt. Für die Moscheen gibt es kein vorgeschriebenes Aussehen. Große Moscheen haben oft ein Kuppeldach wie die berühmte Aya Sofya (oder Hagia Sophia) in Istanbul, aber es reicht zur Not auch ein Raum in einem Hinterhof. Wichtig ist allerdings, dass der Boden mit Teppichen ausgelegt ist und eine Wand die Richtung nach Mekka vorgibt. Oft haben die Moscheen ein Minarett, einen Turm, von dem aus ein Rufer, der Muezzin, an die Gebetsstunden erinnert. Hauptsächlich ist das Minarett aber, genau wie der Kirchturm bei den Christen, ein Zeichen. Es sagt: In diesem Ort leben Muslime.

Anders als die Kirchen der Christen sind die Moscheen keine besonders geweihten Orte. Wenn nicht gerade gebetet wird, dürfen sich Muslime in den Moscheen zu einem Schwätzchen treffen oder sogar ein Schläfchen einlegen. Auch Besucher mit einer anderen Religion dürfen eine Moschee betreten. Jedenfalls meistens. Manchmal verbieten besonders strenge Muslime den Eintritt, oder es kommen einfach zu viele Touristen in die Moschee. Dann bleibt die Tür zu.

Gilt der Fastenmonat Ramadan auch im Döner-Imbiss?

Die dritte Säule des Islam ist das Fastengebot. Im Ramadan, dem neunten Monat des muslimischen Kalenders, dürfen die Gläubigen nichts essen oder trinken, solange die Sonne am Himmel steht. Männer und Frauen dürfen in dieser Zeit auch nicht miteinander schlafen. Gefastet wird in vielen Religionen. Wer fastet, reinigt seinen Körper und erinnert sich selbst daran, dass das Leben nicht nur aus Konsum, aus Essen und Vergnügungen besteht. Im Islam kommt hinzu, dass alle Muslime gemeinsam fasten, was sie sehr miteinander verbindet und auch den Familien gut tut.

Das Fasten beginnt mit dem Sonnenaufgang. In muslimischen Ländern geht vorher oft ein Trommler durch die Straßen, um die Gläubigen daran zu erinnern, noch ein schnelles Frühstück einzunehmen. Das Fasten endet, wenn die Sonne untergegangen ist. Damit alle Muslime das mitbekommen, wurde in islamischen Ländern früher eine Kanone abgefeuert, heute wird der Schuss im Radio oder Fernsehen übertragen. Die Zeit von Sonnenaufgang bis Sonnenuntergang kann ganz schön lang werden, es gibt kein Mittagessen, keinen Kuchen und nicht einmal einen Apfel zwischendurch.

Das Schöne am Fasten ist, dass man sich danach wieder richtig aufs Essen freut. Meist haben die Muslime für die Zeit nach Sonnenuntergang schon ein riesiges Festmahl vorbereitet. Dabei wird nicht nur der Hunger gestillt, es wird auch ordentlich gefeiert. Die meisten älte-

---

RAMADAN IM DÖNER-IMBISS

Türkische Muslime, die in einer Döner-Bude arbeiten, haben es im Ramadan besonders schwer. Vor morgens bis abends steigen ihnen die Döner-Düfte in die Nase, und sie dürfen nichts essen. Zum Glück muss man in einem Imbiss nicht viel abschmecken. Der Döner-Spieß besteht aus übereinander gelegten Hackfleischscheiben, die über Nacht in eine Marinade aus Zwiebelsaft, Salz, Pfeffer und Öl eingelegt wurden. Er wird fertig gekauft. Ursprünglich bestand ein Döner nur aus Hammelfleisch. Mittlerweile ist es eine Mischung aus allerlei Fleischsorten. Schweinefleisch darf allerdings nicht dabei sein. Weil die Schweine als unrein gelten, dürfen Muslime kein Schweinefleisch essen.

ren Muslime halten sich deshalb an das Fastengebot im Ramadan. Die jüngeren allerdings
hungern nicht mehr so gern. Nur ein Drittel der
jungen Muslime nehmen den Ramadan in
Deutschland noch ernst, schätzt man.

Diejenigen, denen das Fasten nicht gut tut,
weil sie zu klein, zu schwach oder krank sind,
müssen nicht mitmachen. Der Islam, wir sagten es schon, ist eine einfache und praktische
Religion und erlaubt Ausnahmen, wenn es sinnvoll ist. Der Ramadan entspricht übrigens nicht
einem unserer Monate. Weil sich das islamische
Jahr allein nach dem Mond richtet, und nicht
wie unser Jahr nach der Sonne, verschieben sich
die Anfangszeiten der muslimischen Monate
gegenüber unserem Kalender.

Muslime müssen nicht nur fasten, sie sind
auch verpflichtet, den Armen zu helfen. Der Prophet Mohammed wollte, dass sich alle Muslime

als Brüder und Schwestern verstehen und zu-
einander halten. Deswegen besagt die vierte
Säule, dass die Muslime die Armen mit einer
Abgabe unterstützen sollen. Die Abgabe wurde
früher ungefähr so erhoben wie heute die Steuern. Inzwischen zahlen die Muslime in den meisten Staaten ganz normal ihre Steuern und freiwillig eine Abgabe an wohltätige Organisationen.

Was befindet sich in der Kaaba in Mekka?

Die fünfte und letzte Säule betrifft die große Pilgerfahrt nach Mekka. Jeder Muslim, der gesund
ist und genügend Geld für die große Reise hat,
soll einmal in seinem Leben die Heilige Moschee
in Mekka besuchen. Das Zentrum der Moschee
bildet die Kaaba, ein 15 Meter hoher, schwarz
verhüllter Würfel aus Vulkangestein. In die öst-
liche Wand dieses Baus wurde ein Meteorit ein-
gemauert, der Schwarze Stein, den jeder Muslim
während er die Kaaba umrundet, berühren sollte.
Der Raum im Inneren der Kaaba ist leer. Als
Mohammed aus Mekka flüchtete, war die Kaaba
als Zentrum der alten arabischen Religion noch
mit allerlei Götterstatuen vollgestellt. Nach der
Eroberung der Stadt ließ Mohammed die Kaaba
räumen und erklärte sie zum Wallfahrtsziel für
alle Muslime. Er glaubte, dass Abraham, der von
Mohammed hoch geachtete Stammvater des
jüdischen Volkes, die Kaaba errichtet habe.
  Zur Wallfahrt reisen jedes Jahr eineinhalb
Millionen Muslime nach Mekka und Medina.
Die Pilger ziehen alle die gleichen weißen

BESCHNEIDUNG

Von muslimischen Männern und
Jungen wird erwartet, dass sie
sich beschneiden lassen, auch
wenn der Koran das nicht ausdrücklich vorschreibt. Die Beschneidung ist meistens ein großes Fest, bei dem die Jungen in
die Erwachsenenwelt aufgenom-
men werden. Bei der Prozedur
schneidet ein Spezialist, oft auch
ein Barbier, ein Stück von der
Vorhaut am Penis ab. Das tut ein
bisschen weh, aber wegen der
Aufregung bekommen die Jungen
es gar nicht so mit. Schlimm ist
es, wenn Mädchen beschnitten
werden, wie es in vielen muslimischen Ländern üblich ist. Die
Mädchen haben große Schmer-
zen und müssen ihr ganzes Leben
unter der Beschneidung leiden.

RAZZIA ODER RETTUNG DES ABENDLANDES?

Der Sieg der Franken über die Araber in der Schlacht bei Poitiers wurde in Europa sehr gefeiert. Karl, der Führer der fränkischen Truppen, erhielt den Beinamen »der Hammer«, er galt als Retter des Abendlandes. In der arabischen Geschichtsschreibung wird die Schlacht dagegen kaum erwähnt. Der Vorstoß der maurischen Reiter-Truppe war für die Muslime wahrscheinlich nur einer der üblichen Beutezüge in den Norden und kein groß angelegter Eroberungsversuch. Ghazwa nannten die Araber einen solchen Raubzug ins Land der Christen. Das deutsche Wort Razzia leitet sich davon her.

Gewänder an und umrunden gemeinsam sieben Mal die Kaaba. Wegen der Menschenmengen ist es nicht einfach, den schwarzen Stein zu berühren, aber alle versuchen es. Zur Wallfahrt gehören noch weitere Aufgaben. Die Gläubigen müssen sieben Mal zwischen zwei Hügeln hin- und herlaufen, und sie müssen in der Umgebung von Mekka eine Reihe von Wegen absolvieren, zum Teil im Laufschritt. Unterwegs werfen sie sieben Steine auf einen Steinhaufen, der den Satan repräsentiert. Danach lassen sich die Männer die Köpfe scheren und nehmen an einem Schlachtopfer teil. Die geschlachteten Tiere werden gegessen. Für viele Muslime ist die Pilgerfahrt ein Höhepunkt ihres Lebens. Sie treffen auf viele andere Pilger und erfahren, dass in der Gemeinschaft der Muslime jeder gleichermaßen akzeptiert wird. Umma nannte Mohammed diese Gemeinschaft. Früher bestand die Umma hauptsächlich aus Arabern, heute sind die asiatischen Muslime in der Mehrheit. Auch viele Schwarze aus Amerika sind zum Islam übergetreten. Der berühmteste von ihnen ist Muhammad Ali, der Boxer.

Die Pilgerfahrt können nur Muslime absolvieren. Gläubige anderer Religionen dürfen Mekka nicht betreten. In diesem Punkt ist der Islam streng, sonst hingegen ist er gegenüber anderen Religionen sehr tolerant. Bedingung ist allerdings, dass sie eine Schrift haben und einen einzigen Gott verehren wie das Christentum und das Judentum. Beide Religionen haben Mohammed stark beeinflusst. In Medina, dem Fluchtort des Propheten, bekannten sich drei der fünf Stämme zum Judentum, und im Süden des Landes lebte eine Reihe von Christen. Die Muslime glauben, dass Gott auch durch die Propheten aus dem Alten Testament und durch Jesus gesprochen hat. Aber natürlich war Mohammed der größte der Propheten.

Die Toleranz gegenüber Andersgläubigen hat die Eroberungen des Islam sehr erleichtert. Nach dem Tod des Propheten eroberten seine Nachfolger in nur 100 Jahren ein Weltreich. Ohne einen festen Eroberungsplan und ohne eine riesige, hochtrainierte Armee brachten die muslimischen Kämpfer den Norden Afrikas und Palästina unter ihre Gewalt und kamen bis nach Russland. Über Spanien gelangten sie nach Frankreich, wo sie im Jahr 732 von einem fränkischen Heer gestoppt wurden. In den Ländern, die von den Muslimen erobert wurden, durften Christen und Juden weiterhin in ihren eigenen Kirchen und Synagogen beten, sie mussten lediglich Tribut zahlen.

Viele der neuen Untertanen waren ganz zufrieden mit ihren neuen Herrschern, oft ging es ihnen unter einem muslimischen Gouverneur besser als vorher. Die Muslime waren nicht nur tolerant, sie förderten auch Kunst, Kultur und Wissenschaft. Dreihundert Jahre lang bestimmten arabische Philosophen, Mediziner und Mathematiker die Wissenschaft der Welt. Bis heute benutzen wir in der Mathematik die arabischen Zeichen, auch die Zahl null kennen wir nur durch arabische Mathematiker. In ihrem goldenen Zeitalter gründeten die Muslime Schulen und Hochschulen, bauten großartige Häuser, Moscheen und Paläste. Bagdad, die heutige Hauptstadt des Irak, wurde 762 zur Hauptstadt des gesamten islamischen Reiches.

DIE SCHIITEN

Schon bald nach Mohammeds Tod trennten sich die Schiiten von den Sunniten, weil sie die Nachfolger des Propheten nicht anerkannten. Sie berufen sich auf einen Enkel des Propheten, der in einer Schlacht mit Mohammeds früheren Feinden aus Mekka starb. Ihre religiösen Gelehrten nennen sich Ayatollah. Im Iran regeln die Ayatollahs nicht nur das religiöse Leben, sie bestimmen auch über die Politik und entscheiden zum Beispiel mit darüber, wie der Staat seine Steuereinnahmen verteilt.

In der Stadt am Tigris, die damals schon eine Million Einwohner zählte, residierte der berühmte Kalif Harun ar-Raschid, hier trafen sich Gelehrte und Wissenschaftler aus aller Welt. Es war kein Wunder, dass Arabisch bald zur wichtigsten Sprache wurde und dass auch Christen und Juden in großer Zahl dem Islam beitraten. Der Islam war die Erfolgsreligion, auch wenn die Muslime erst gar nicht so begeistert über die vielen Übertritte waren. Schließlich konnten sie von den neuen muslimischen Brüdern und Schwestern keinen Tribut mehr nehmen.

Der Übertritt zum Islam ist sehr einfach. Weil es keine islamische Kirche gibt, muss man auch keiner beitreten. Muslime werden nicht von einem Priester getauft, und niemand muss ihren Beitritt genehmigen. Es reicht, wenn man für sich das Glaubensbekenntnis »Es gibt keinen Gott außer Gott und Mohammed ist sein Gesandter« ausspricht. Allerdings: Man sollte schon ernsthaft daran glauben. Wer den Satz nur sagt, um einmal in seinem Leben die Kaaba in Mekka sehen zu können, ist kein Muslim. Ein Muslim muss sich auch wie ein Muslim verhalten. Natürlich wird man nicht gleich bestraft, wenn man einmal die fünf Säulen nicht so genau beachtet. Aber es kann sein, dass die anderen Muslime einen freundlich daran erinnern. Man sollte es sich also genau überlegen, ob man Muslim werden will, vor allem, weil ein Austritt nicht vorgesehen ist. Wer mit dem Islam bricht, ist nach dem traditionellen islamischen Recht dem Tode verfallen. Zum Glück wird das auch in islamischen Staaten nicht mehr ganz so ernst genommen. Muslime, die mit dem Islam nichts mehr zu tun haben wollen, kümmern sich einfach nicht mehr darum. Sie beten nicht mehr, gehen nicht in die Moschee, fasten nicht. Da es keine Kirche gibt, müssen sie auch nirgendwo austreten.

Mit der Kirche verzichtet der Islam auch auf Priester, Bischöfe und Papst. In den meisten anderen Religionen gibt es besonders geweihte Gläubige, die darauf achten, dass Gebote und Gebräuche befolgt und Versammlungsräume errichtet werden. Im Islam ist niemand von Amts wegen für den Bau von Moscheen zuständig oder für den Islamunterricht. Wenn Muslime in Deutschland eine Moschee bauen wollen, müssen sie sich selbst darum kümmern. Oft organisieren sich die Muslime deshalb in Vereinen. Die Vereine unterrichten die Kinder oder bauen Gebetsräume. Weil in Deutschland Religionsfreiheit herrscht, haben muslimische Kinder eigentlich das gleiche Recht auf einen Religionsunterricht in der Schule wie katholische oder evangelische Kinder. Doch weil es keine Kirche gibt, fehlen Lehrer, die von allen akzeptiert werden. Das macht den Religionsunterricht kompliziert.

Was hält Allah von der Playstation?

Um die Auslegung der Gebote kümmern sich im Islam die Rechtsgelehrten. Es sind kluge Männer, die an eigenen Universitäten ausgebildet wurden und viel zu tun haben. Als Mohammed lebte, gab es noch keine Playstation, keine Kondome und keine geklonten Lebewesen. Wie soll ein Muslim damit umgehen? Darf ein islamischer Wissenschaftler ein Tier klonen? Oder eine Perücke tragen? Was würde Mohammed dazu sagen? Was ist der Wunsch Allahs? Unter diesen Gesichtspunkten entscheiden die Gelehrten. Die Universität mit den wichtigsten Gelehrten und dem größten Einfluss ist die Hochschule der Azhar-Moschee in Kairo. Die Wissenschaftler, die dort arbeiten, veröffentlichen regelmäßig ihre Meinungen zu allen wichtigen Fragen in einer Zeitschrift. Fatwas nennen sich diese Gutachten, an denen sich die Muslime orientieren können, aber nicht müssen.

Einigen Muslimen, den strenggläubigen Islamisten, geht diese Freiheit zu weit. Sie wollen, dass in den muslimischen Staaten die islamischen Gesetze sehr streng gelten. Zum Beispiel finden sie, dass allen Dieben die Hand abgehackt werden müsste und dass Ehebrecherinnen gesteinigt gehören. Nach Meinung der Islamisten sollten alle muslimischen Staaten diese strengen Gebote als Gesetze beschließen, und die Polizei soll dafür sorgen, dass sie eingehalten werden. In manchen Ländern, etwa im Sudan, wurde versucht, dies umzusetzen. Allerdings gibt es selbst in ganz strengen islamischen Staaten keine Einigkeit über die richtigen Gebote. Der Koran gibt einfach keine fertigen Antworten auf alle modernen Probleme, und außer dem Koran gibt es keine festen und verbindlichen Gesetze.

Die Scharia, auf die sich die Islamisten beziehen, ist eine Sammlung, die aus Korangeboten besteht, aber auch aus Regeln, nach denen Mohammed gelebt haben soll, und aus Fatwas, den verschiedenen Gutachten der Gelehrten zu

DSCHIHAD

Das Wort Dschihad bedeutet ursprünglich bloß »Anstrengung, Einsatz«. Das Wort wird heute aber für alles Mögliche benutzt, es ist eine leere Hülle geworden. Im Koran selbst taucht das Wort auch auf, doch wird es nicht so eindeutig gebraucht. Mal wird Dschihad friedlich verstanden als »Einsatz für Gott«, mal kriegerisch auf Mohammeds Kampf gegen die Ungläubigen bezogen.

KALIFEN, IMAME UND AYATOLLAHS

Die Sunniten als Anhänger der »Sunna« zu bezeichnen wäre irreführend. Denn die Sunna, also die Gesamtheit aller Aussprüche, Taten und Entscheidungen Mohammeds, die in den Hadithen gesammelt sind, wird von den Schiiten ebenso geachtet wie der Koran selbst als ultimative Offenbarung Allahs. Die Schiiten werfen den Sunniten allerdings vor, das heilige Buch und die Tradition verfälscht zu haben, und berufen sich auf die Traditionslinie ihrer geistlichen Führer, der Imame und Ayatollahs. Diese schiitische Imam-Tradition ist dem sunnitischen Islam fremd. Die Nachfolger Mohammeds sind hier die Kalifen, die jedoch über keine besondere religiöse Autorität verfügen.

aktuellen Fragen. Was alles zur Scharia gehört und was nicht, auch darüber sind sich die Muslime auf der Welt nicht einig. Es gibt unterschiedliche Rechtsschulen, die unterschiedliche Meinungen vertreten. Und wie im Christentum gibt es auch im Islam unterschiedliche Bekenntnisse. Die meisten Muslime auf der Welt sind Sunniten, doch gibt es vor allem im Iran auch Schiiten.

Im großen arabischen Reich verloren die Nachfolger Mohammeds, die Kalifen in Bagdad, bald ihre politische Macht. Die Herrscher in anderen Teilen des Reiches wurden immer mächtiger und kümmerten sich immer weniger um das, was in Bagdad beschlossen wurde. Sie wollten neue Länder und neue Reichtümer für sich erobern und benutzten die Religion nur noch als Ausrede. Im Jahr 1055 übernahmen schließlich die Türken die Macht in Bagdad. Obwohl auch die Türken sich zum Islam bekannten, wurden sie von den anderen Muslimen damals nicht sehr geachtet. Ein paar hundert Jahre später nannte sich ihr Reich das Osmanische Reich, und der wahre Herrscher war der Sultan.

Manche Leute denken, dass die Islamisten der starken religiösen Gemeinschaft zur Zeit des Propheten Mohammed hinterhertrauern und dass einige von ihnen deshalb Anschläge begehen und versuchen, Regierungen zu stürzen. Da ist wahrscheinlich etwas dran. Sicher ist, dass viele Islamisten die westlichen Staaten hassen. Sie denken, dass im Westen der Glaube an Gott verloren gegangen ist, dass es nur noch um Geld, Spaß und Konsum und die eigenen Bedürfnisse geht. Die Reichen auf der Welt würden immer reicher und beuteten die Armen skrupellos aus. Das World Trade Center sahen Islamisten als Symbol für diese Haltung, und deshalb haben die Attentäter des 11. September sich genau dieses Ziel ausgesucht. Sie geben dem westlichem Denken und vor allem Amerika die Schuld an der Machtlosigkeit vieler islamischer Länder und der Armut in vielen Teilen der Welt.

Allerdings sind auch die Islamisten nicht einer Meinung. Einige von ihnen wissen, dass der Koran das Töten Unschuldiger verbietet. Und dass man nicht mit dem Koran einen Anschlag rechtfertigen kann, bei dem Tausende sterben müssen, darunter sogar Muslime. Andere behaupten, dass der Tod von Unschuldigen durch den Dschihad gerechtfertigt ist, den angeblich von Allah geforderten Kampf gegen die Ungläubigen. Anders als Jesus in der Bibel ist der Koran auf jeden Fall nicht grundsätzlich gegen Krieg.

Wer für die Sache Gottes stirbt, dem wird sogar ein Weiterleben im Paradies versprochen. Ob das stimmt, kann man natürlich nicht überprüfen. Wahrscheinlich haben aber die Attentäter vom 11. September ihre Flugzeuge in aller Ruhe in das World Trade Center gesteuert. Sie waren überzeugt, direkt ins Paradies zu gelangen.

Der Anschlag auf das World Trade Center hat auch unter den Muslimen viele Diskussionen ausgelöst. Es gibt Muslime, die Verständnis für den Anschlag haben, weil sie finden, dass Amerika zu viel Macht hat und sich überall einmischt. Die Selbstmordattentate sind für sie die einzige Chance, die Supermacht zu treffen. Die meisten Muslime aber haben den Anschlag als gottlos verurteilt. Viele fürchten, dass der Islam im Westen nur noch als eine böse Religion wahrgenommen und verfolgt wird. In Wahrheit sind es natürlich nie die Religionen, die etwas Böses tun, sondern immer die Menschen. Egal, welcher Religion sie angehören.

MÄRTYRER

Menschen, die wegen ihres Glaubens verfolgt werden oder sterben, nennt man Märtyrer. Sie genießen in vielen Religionen hohes Ansehen, weil ihr Glaube so stark ist, dass er sogar grausamer Folter standhält.
So wurde der Apostel Petrus angeblich von den Römern mit dem Kopf nach unten ans Kreuz genagelt. Leider sind Märtyrer auch sehr nützlich, wenn man weniger edle Ziele durchsetzen will. Die Nazis erklärten den Studenten Horst Wessel, nachdem er an den Folgen eines Überfalls starb, nachträglich zu einem Märtyrer. Und auch die Attentäter des 11. September werden von religiösen Fanatikern als Märtyrer gefeiert.

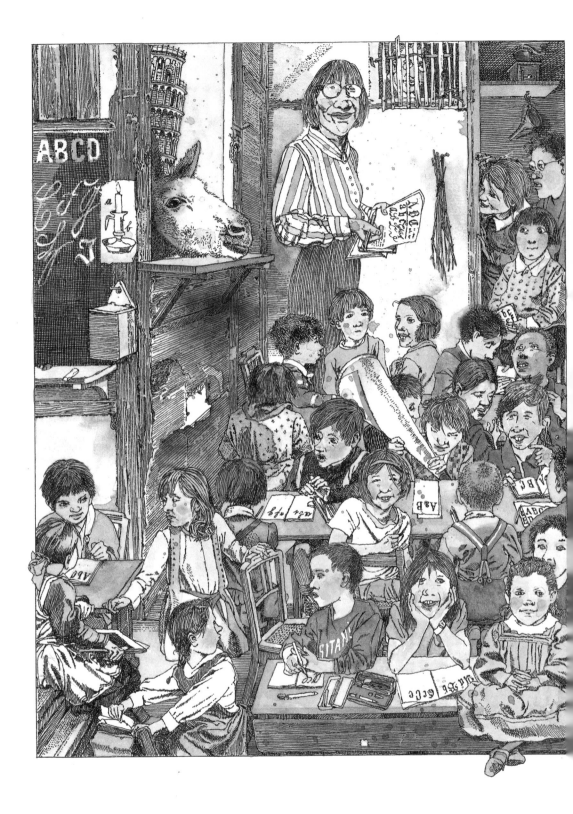

Warum
ist die Schule doof?

Wer geht schon gerne zur Schule, außer ein paar Grundschülern und Strebern? Die meisten Schülerinnen und Schüler antworten auf die Frage, wie sie Schule finden, ohne lange zu überlegen mit einem Wort: doof! Das scheint zur Schule zu gehören wie die große Tafel, der stinkende Schwamm, das kleine Einmaleins und das Alphabet. Nur eines übertrifft die Doofheit der Schule noch: Das sind die Hausaufgaben.

Auf die Schulzeit scheinen die meisten lieber zurückzublicken als mittendrin zu stecken. Hinterher erinnert man sich ja ganz gerne an diese Zeit zurück. Dann ist nur noch von den tollen Streichen oder den lustigsten Lehrer-Versprechern die Rede. Und es werden kleine Heldengeschichten erzählt – fast jeder kennt eine von der Sorte, die lautet: Wie ich es einmal gerade noch schaffte, mich aus einer peinlichen Situation herauszuwinden. Dass man in der Schule so ganz nebenbei auch etwas lernt, wer redet eigentlich davon? Wir wollen es nun genauer wissen: Ist die Schule wirklich so doof?

In Deutschland gilt das Gesetz der Schwerkraft, der Energiesatz und das Gesetz vom Fall der ›Butterbrote auf die Marmeladenseite‹ wie überall auf der Welt. Aber es scheint hier auch ein Naturgesetz zu geben, das anderswo nicht gilt: Schule, so meint man in Deutschland, ist etwas, was man morgens um halb acht Uhr betritt und mittags völlig gestresst nach sechs Stunden Unterricht wieder verlässt. Im Kopf nur noch

Wenn ein Erziehungswissenschaftler die Schule kritisiert, ist das weniger leicht von der Tafel zu wischen als das übliche Schüler-Gemaule. Professor Hans-Ulrich Grunder gibt der deutschen Normalschule nicht erst seit den Ergebnissen der PISA-Studie schlechte Noten, schon lange vorher hatte er ihre Mängel erkannt. Professor Grunder ist der wissenschaftliche Berater dieses Beitrags. Als Jugendlicher war er selber auch kein begeisterter Schüler.

den einen Gedanken: Gut, dass der Unterricht vorbei ist. Die deutsche Normalschule ist in mancher Beziehung doof: Ihre Lehrer können noch so gut und ihre Schüler noch so intelligent sein, diese Schule ist einfach schlecht organisiert.

Deutsche Schulen, das findet Hans-Ulrich Grunder, bräuchten mehr Zeit, und sie bräuchten andere Räume fürs Lernen und Leben. Warum gelten Hohlstunden hier als Panne? Sie sind doch gerade wichtig. Sie lassen Luft in die Schule und Zeit zwischen den verschiedenen Fächern. Warum die Unterrichtsfächer sich alle 45 Minuten ablösen, dafür gibt es eigentlich auch keinen einleuchtenden Grund. Erstaunlich, dass trotzdem so viele Kinder immer noch gern zur Schule gehen. Und wenn man nach ihrem ersten »Doof« weiter fragt, geben sie das auch zu. Ebenso sind zwei Drittel der Lehrer von ihrem Beruf überzeugt und würden wieder Lehrer werden wollen. Vielleicht ist Schule insgeheim ja doch nicht so doof.

Warum muss man überhaupt in die Schule gehen?

Die Schule ist entstanden, als es nicht mehr genügte, dass der Sohn beim Vater und die Tochter bei der Mutter lernte. Lange Zeit war es üblich, dass die Kinder einfach das taten, was die Eltern taten. Also wurde der Sohn des Schuhmachers ebenfalls Schuhmacher. Die Tochter guckte sich derweil von der Mutter ab, was sie fürs Leben brauchte: kochen, kehren, Kinder hüten und all das andere. Die Mitarbeit bei den Eltern begann schon in ganz jungen Jahren. Deshalb sagt man auch, in früheren Jahrhunderten habe es keine Kindheit gegeben.

Natürlich gab es damals Kinder so gut wie heute, aber deren Alltag unterschied sich kaum vom Alltag der Eltern. Die Kinder lernten durch

DIE IDEE VON KINDHEIT
Bis vor etwa dreihundert Jahren war es völlig normal, dass die Kinder überall dort waren, wo die Erwachsenen waren. Auf Gemälden früherer Zeiten fallen die Kinder kaum auf. Sie unterscheiden sich höchstens in der Größe von den Erwachsenen, ihre Proportionen gleichen denen der Großen, ihre Kleidung erscheint erwachsen und ihre Muskeln sind genauso ausgeprägt wie die von Erwachsenen. Auch Spielzeug für Kinder gab es so gut wie keins.
Am Hof spielten die Erwachsenen genauso damit wie die Kinder. Umgekehrt war es normal, dass Drei- oder Vierjährige schon mit Pfeil und Bogen schossen.

Arbeit, da konnten sie nicht nach sechs Schul-
stunden den Ranzen packen und sich auf ihre
Freizeit freuen. Sie trugen den Ranzen gewisser-
maßen den ganzen Tag auf dem Rücken, ihre
Lebensschule kannte weder einen 45-Minuten-
Rhythmus, noch schloss sie mittags.

Vater und Mutter gaben also direkt an ihre Nachkommen weiter, was sie wussten und konnten –
so viel, aber auch nicht mehr. Und wenn es
immer so weitergegangen wäre, hätte noch heute
jede Familie eine Art Familienberuf. Die einen
würden immer nur Schuhe reparieren oder Körbe
flechten, die anderen immer nur Tische schrei-
nern oder Bauer sein. Die Frauen wären im
Haushalt und in der Landwirtschaft tätig und
nebenbei noch Mütter. In der geburtsständi-

schen Gesellschaft war alles klar vorgezeichnet. Allein die Geburt, also die Familie, in die man hineingeboren wurde, entschied darüber, was man tat und welchen Platz man im Leben einnahm. Ein Bauer blieb ein Bauer, und ein Adeliger heiratete keine Bürgerliche. Die Gesellschaft war streng geteilt. Man konnte in ihr weder groß aufsteigen, also mehr Anerkennung oder einen besser bezahlten Job bekommen, noch groß absteigen. Man kann sich vorstellen, dass damit zwar Sicherheit, aber auch ein Haufen Ungerechtigkeiten verbunden war.

Was das Wissen und die Ausbildung anging, trat man also auf der Stelle. Hinterm Feld war die Welt zu Ende. Warum und wie sich die Anforderungen an die Bildung irgendwann änderten, ist nicht einfach zu erklären, denn dafür gab es ein ganzes Knäuel von Gründen, vielleicht sogar mehrere miteinander verknotete Knäuel. Das Zusammenleben der Menschen wurde komplizierter. Es gab bahnbrechende Erfindungen wie den Buchdruck, den mechanischen Webstuhl oder die Eisenbahn. Ganz neue Berufe entstanden, aus kleinen Handwerksbetrieben wurden Fabriken, und die Menschen mussten mobiler werden. Und außerdem ist ja nicht garantiert, dass Kinder die Abziehbilder ihrer Eltern sind. Der Kunsttischler mühte sich vielleicht redlich, aber vergebens, seine Fähigkeiten an den Sohn weiterzugeben, denn der hatte vom Bruder der Mutter vielleicht zwei linke Hände, dafür aber eine außergewöhnliche Fähigkeit zum Rechnen geerbt.

Was aber sollte aus all den schlummernden Talenten werden? Die Eltern erkannten sie oft nicht einmal, und von Fördern konnte erst recht keine Rede sein. So gingen viel Wissen und Fertigkeit flöten. Mit den Schulen und ihren speziell ausgebildeten Lehrern konnte mehr Wissen von Generation zu Generation getragen werden als auf dem familiären Weg.

Wie bitte, die Schule soll eine Jahrhundert-Erfindung sein?

Nun darf man sich die Entwicklung der Schule nicht so vorstellen, dass jemand einen Plan ausgetüftelt hätte, so oder anders ist es besser für die Menschen. Genauso wenig wie jemand darüber nachgegrübelt hat, wie man Kinder am besten ärgern oder quälen kann. Veränderungen in der Gesellschaft werden meist an vielen Orten und aus vielen Richtungen gleichzeitig angeschubst. Manchmal aber kommt richtig Tempo in die Sache, da überstürzen sich die Ereignisse, und es kann sein, dass eine Gruppe der Gesellschaft auf eine andere losgeht.

So war es in der Zeit der Französischen Revolution. Vor über 200 Jahren also. Die Mächtigen dieser Jahre, die Adeligen, verbrachten ihre Tage mit blöden Spielchen. Mit Gemeinheiten, Eifersüchteleien, Eitelkeiten und Verschwendung vertrieben sie sich die Zeit. Auch das Quälen von Dienstboten und Untertanen gehörte zu den beliebten Mitteln gegen die Langeweile. Die Elite war zu einer Gruppe von Schmarotzern, dummen und gelangweilten Reichen verkommen. Der Bildungsvorsprung, den der Adel einmal hatte, war

DER KUCHEN DER KÖNIGIN

Der Adel lebte in Saus und Braus, und das Volk hungerte. Marie Antoinette, die Frau des französischen Königs Ludwig XVI., hatte keinen Schimmer vom Elend ihrer Untertanen oder wollte einfach nichts davon wissen. Als man ihr mitteilte, das Volk habe kein Brot mehr, antwortete sie nur: Na, dann soll es eben Kuchen essen.

DER BUCHDRUCK

Mit der Erfindung des Buchdrucks begann sich die Welt zu verändern. Vorher hatte man die Bücher mühsam handschriftlich abgeschrieben, nun konnte man sie viel schneller vervielfältigen. Mit den Büchern wurde das Lesen wichtig. Da die Menschen nicht mit der Fähigkeit zum Lesen oder Schreiben auf die Welt kommen, sollten sie es nun lernen. Die Zahl der Schulen stieg (in England beispielsweise von 34 im Jahr 1480 auf 444 im Jahr 1660). Und durch die Schulen konnten die Kinder nicht mehr so in das Arbeitsleben der Eltern eingespannt werden wie früher. Die Schule erschuf also auch die Kindheit mit.

dahin. Trotzdem verhinderte das starre, eben geburtsständische Schema der Gesellschaft, dass andere, fähigere Leute hochkamen. Freiheit, Gleichheit, Brüderlichkeit sollte aber möglich werden. In Frankreich nahmen Bürger und Bauern allen Mut zusammen und stürmten die Adelspaläste. In Deutschland debattierten kluge Männer über die Unmündigkeit des Volkes und verlangten nach mehr Aufklärung und Bildung. Aufklärung hatte in damaliger Zeit nichts mit Sexualität und Körper zu tun, es ging um Geist und Vernunft. Jeder, nicht nur der Sohn des Königs, auch der des armen Schusters, sollte ein Recht darauf haben, etwas zu lernen, ein Recht auf Bildung.

Die Forderung nach einer allgemeinen Schulpflicht war alt, schon 1619 war sie erstmals laut

DIE VERBOTENE SCHULE

In Afghanistan verbot die frühere streng islamistische Taliban-Regierung Mädchen den Schulbesuch. Bildung galt hier geradezu als Aufforderung zum Ungehorsam. Die Hilfsorganisation Shuhada mit der afghanischen Ärztin und Frauenrechtlerin Sima Samar an der Spitze richtete heimlich Mädchenschulen oder -klassen in Privathäusern ein. Eigentlich war Sima Samar damit eine Todeskandidatin. Doch erstaunlicherweise gelang es dieser mutigen Frau durch ihr Verhandlungsgeschick und ihre Bereitschaft, Zweckbündnisse einzugehen, viele der Schulen am Leben zu halten.

geworden, aber dass sie Wirklichkeit werden könnte, schien unglaublich. Nicht mehr die Geburt sollte den Platz in der Gesellschaft bestimmen, sondern die Fähigkeiten und das Wissen jedes Einzelnen. Der Schusterssohn sollte auch Arzt werden können und die Schusterstochter vielleicht auch mal etwas anderes tun als ihre Mutter. Bis die Schusterstochter sich allerdings aus ihrer festgefügten Rolle befreien konnte, dauerte es länger als bei ihrem Bruder. Erst zu Beginn des 20. Jahrhunderts wurden Mädchen zum Abitur oder zum Studium zugelassen. Noch heute haben Mädchen nicht die gleichen Karriere-Möglichkeiten wie die Jungen.

In gewisser Weise hatte es schon viel früher Schule gegeben, aber sie stand immer nur ausgewählten Kreisen offen. In Tibet gab es Klosterschulen und bei den Griechen vor mehr als zwei- bis dreitausend Jahren Eliteschulen. Doch die Schule für alle als staatliche Einrichtung kam in Deutschland erst vor ungefähr 200 Jahren in Schwung. Zunächst in den größeren Städten, dann auch auf dem Land. Über die Schulpflicht hatte man schon lange gestritten und diskutiert. Aber erst vor knapp 100 Jahren wurde der Schulbesuch verbindlich und für alle Pflicht. Das Komische war, gerade diejenigen, denen die Schule besonders nützen sollte, die Landbevölkerung, wehrte sich heftig dagegen. Warum nur? Wollten die Bauern etwa nicht, dass ihre Kinder lesen und schreiben lernten? Es hatte einen anderen Grund: Die Schule stahl den Eltern die Kinder. Die Eltern brauchten sie aber als Arbeitskräfte, als Hilfen bei der Feld- und Erntearbeit. Und wozu sollten die Kinder unnütz in der Schule

herumsitzen, wenn sie sowieso Bauern werden sollten wie die Eltern? Heute kann man gut in der Schule sitzen und sich alle möglichen Berufe für später ausdenken. Man kann davon träumen, Landwirtin zu werden oder Friseur, Tiefseetaucher oder Präsident.

Gemessen an der schweren Feldarbeit, ähnelte die Schule für die Kinder damals schon ein bisschen dem Faulsein und war geradezu erholsam. Darüber wird in Büchern berichtet. Ob die Kinder deshalb gerne in die Schule gingen, ist jedoch noch lange nicht gesagt. Die Schule war eine Möglichkeit, von zu Hause wegzukommen, wo nicht selten zehn und mehr Geschwister auf engstem Raum und unter der Knute eines

gewalttätigen Vaters lebten. Die Schule war so
gesehen das kleinere Übel.

Wurden die Lehrer für Grausamkeiten ausgebildet?

In den Klassen tummelten sich manchmal 200
Kinder. In den Zwergschulen auf dem Land
saßen sowieso Kinder jeden Alters in einem
Raum. Sicher war das nichts für lärmempfind-
liche Ohren. Der Lehrer oder die Lehrerin waren
hier mehr Dompteure als Erzieher. Sie hatten
auch nicht an der Universität studiert wie die
Lehrer heute. Meist gingen sie im Alter von sech-
zehn Jahren auf eine Lehrerschule. Ein Jahr Ausbildung genügte, und schon wurden sie auf die
Kinder losgelassen. Neben der Schule mussten
sie auch noch anderen Tätigkeiten nachgehen,
sonst wären sie verhungert. Da sie die seltene
Fähigkeit zum Schreiben besaßen, durften sie
oft den amtlichen Schriftverkehr und die Lie-
besbriefe eines ganzen Dorfes erledigen. Sie
schwangen die Feder nur gegen Bezahlung, versteht sich.

Die Lehrer hatten es damals wirklich nicht
leicht. Doch in einer Beziehung hatten sie völlig
freie Hand: bei der Bestrafung der Kinder. Strafen, die einen Lehrer heute ins Gefängnis bringen würden, waren normal. Die normalste aller
Strafen waren Schläge mit einem Weidenzweig
in die geöffnete Handfläche. Das tat höllisch
weh, denn die Weide ist sehr elastisch und das
Nachfedern verstärkt den Schmerz. Oft mussten

STRAFAKT II

Und wie die Straf-Vollstreckung im
Jahr 1796 weiter verlief? »Erst wenn
die Schule geendigt ist, lasse ich den
kleinen Sünder hervortreten,
kündige ihm sein Urteil an und frage
ihn, ob er wisse, womit er es
verdient habe? Hat er dieses gehörig
beantwortet, so zähle ich ihm in
Gegenwart sämtlicher Schulkinder
seine Schläge zu, wende mich dann
an die Zuschauer und sage, wie ich
herzlich wünsche, daß dies das
letzte Mal gewesen sein möge, da ich
genötigt gewesen wäre, ein Kind zu
schlagen.«

die Kinder die Zweige vorher eigenhändig ab-
schneiden. Sie waren also gezwungen, ihr Folter-
gerät selber herzurichten. Kinder, die der Lehrer
als unartig oder faul ansah, bekamen Kopfnüsse
von der Lehrerfaust verpasst. Manche Lehrer
ließen ihre Schüler mit nackten Beinen auf ge-
trockneten Erbsen knien oder auf spitzen Holz-
scheiten. Nach ein paar Minuten konnte dem
Opfer vor Schmerz richtig schwindelig werden.
An den Ohren oder an den Haaren gezogen zu
werden oder blutige Knüffe einzustecken war
für die Kinder im Schulalltag normal. In alten
Büchern liest man Erinnerungen an die Schulzeit, die wie Geschichten aus der Folterkammer
klingen. Nun waren nicht alle Lehrer – und die
Lehrerinnen noch weniger – Folterknechte, aber
die Sitten waren gewiss rauer als heute.

Die Lehrer waren Meister der großen und kleinen Grausamkeiten. Die Kinder vor ihren Mit-
schülern lächerlich zu machen gehörte zum

SUMMERHILL

Dieser Name steht für die wohl ungewöhnlichste Schule der Welt. Sie wurde 1924 von Alexander S. Neill in England gegründet. Neill ging als Pädagoge immer von dem Guten im Kind aus, Disziplin und Zwang seien also überflüssig. Es gibt nur wenig feste Regeln in Summerhill. Eine davon lautet, der Unterricht ist freiwillig. Wenn Kinder Dinge uninteressant finden, müssen sie sie nicht lernen. Kunst, Tanz und Theater sind genauso wichtig wie die herkömmlichen Unterrichtsfächer.

Schulalltag. Mancher hätte vielleicht sogar lieber Schläge eingesteckt als vor versammelter Klasse mit einer Eselsmütze gesessen. Denn die Eselsohren ließen keinen Zweifel daran, dass unter ihnen ein Dummkopf stecken musste. Eine andere Art der Demütigung war das In-der-Ecke-Stehen mit Blick zur Wand, es hielt sich hartnäckig bis in die jüngste Zeit hinein. Viel schlimmer als heute war auch der Meldebrief an die Eltern. Damals stand einfach fest, der Lehrer hat immer Recht. Und der Bestrafung in der Schule folgten die Prügel zu Hause auf dem Fuße.

Auch im Elternhaus packte man die Kinder strenger an als heute. Allerdings entwickelte die Schule ihre besonderen Methoden und Spezialitäten, wie die Schläge mit dem Lineal, das der Lehrer ja immer gleich zur Hand hatte, oder der Wurf mit dem Tintenfass. Andere Strafen wie Nachsitzen oder Strafarbeiten haben sich bis heute gehalten.

Ohne Strafen kommt die Schule wohl immer noch nicht aus. Doch mittlerweile beherzigen viele Lehrer eine Regel: dass man nämlich Kinder und Jugendliche nicht noch über die Strafe hinaus vor ihren Altersgenossen lächerlich machen sollte. In Summerhill, so heißt eine Schule, die vor mehr als achtzig Jahren ganz neuen Wind in die Schullandschaft brachte, wurde als schlimmste aller Strafen der Nachtisch gestrichen. Eine Strafe, die jeder mit sich selbst ausmachen kann, ohne dabei das Gesicht zu verlieren. Kinder haben einen feinen Instinkt. Das sieht man, wenn sie als Streitschlichter eingesetzt sind. Da haben sie oft die besten Ideen, wie

sich jemand beim anderen entschuldigen kann, ohne seine Würde zu verlieren.

Können Schulen auch gute und schlechte Noten bekommen?

Wenn Schüler gefragt werden, was sie an der Schule stört, heißt es oft als erstes: die Hausaufgaben, wir kriegen viel zu viele Hausaufgaben auf. Kein Lehrer kümmere sich darum, was die Kollegen den Schülern schon aufgebrummt haben. Jedes Fach stehe für sich: Meines gegen alle, diese Einstellung haben manche Lehrer.

Was die Kinder ebenfalls stört, ist jede Form von Ungerechtigkeit. Wieso hat Felix die gleiche Punktzahl wie ich, aber trotzdem eine bessere Note? Wieso ruft mich der Lehrer nie auf, aber Lisa muss nur den kleinen Finger hochrecken und schon kommt sie dran. Vielleicht beschweren sich die Kinder heute auch schneller als früher. Und das ist gut so: Wenn die Schülerinnen und Schüler gegen Ungerechtigkeit aufbegehren, ihre Meinung vertreten, sich nicht alles gefallen lassen, stellt das eigentlich auch den Schulen ein gutes Zeugnis aus.

Viele Schüler geben zu, es sei wichtig, dass man etwas lerne. Und das sagen sie nicht nur, weil sie von den Eltern ferngesteuert werden. Sie ahnen selber, wie viel Wissen bedeutet. Sie setzen aber auch hinzu, dass sie gerne zur Schule gehen, dafür könne die Schule eigentlich nichts. Sie wollen nämlich in der Schule vor allem ihre Freunde treffen. Aber könnten sie das nicht genauso gut außerhalb der Schule? So gesehen ist

Mittlerweile sind zwar mehr als die Hälfte der Abiturienten in Deutschland Mädchen. Bei den Professorinnen ist von diesem Vorsprung jedoch nichts mehr zu sehen. Unter zehn Hochschullehrern gibt es nur jeweils eine Frau.

das auch ein verstecktes Lob für die Schule. Und spätestens in den Ferien geht es den Kindern ja ähnlich wie den Rentnern. Die nämlich vermissen ihre Arbeit und ihre Kollegen ebenfalls schmerzlich.

Wenn jemand sagt, er gehe gerne zur Schule, setzt er sich sofort dem Vorwurf aus, ein Streber zu sein. Gegen die Schule zu schimpfen ist verlockender als zu überlegen, warum die Zustände angeblich so mies sind und was man dagegen unternehmen kann. Lieber sich in die große Herde der Schimpfenden eingemeinden. Schließlich wird überall geschimpft, es geht gegen das Wetter los und endet bei der Arbeit. Wer gibt schon zu, dass er gern arbeitet? Wer so etwas sagt, ist verdächtig. Und Kinder wollen in der Regel nicht auffallen, schon gar nicht mit einer so abwegigen Meinung wie »Schule macht Spaß«.

Warum ist die Schule ein Ort des Vergessens?

Die Schule ist also ein Ort, an dem man mehr lernen kann als bei Vater und Mutter. Ein Ort, der außerhalb der eigenen Lebenswelt liegt. Die Schule darf deshalb nicht allzu viel zu tun haben mit dem eigenen Alltag. Es gab Versuche, den Unterricht näher ans Leben heranzurücken. Man erfand sogar Industrie- oder Arbeitsschulen. Die nützten aber meist nur den Fabrikanten oder dem Staat. Die Kinder lernten gerade so viel, wie sie zur Fabrikarbeit benötigten. Lernen, so sagt der Pädagogik-Professor, benötigt einen gewissen

Abstand zur Arbeit. Lernen braucht Freiräume, in denen sich Talente finden und ausbilden lassen.

Aber genau darin steckt ein Problem, das jeder Schüler kennt: Was nützen einem die Geschichten von toten Römern? Warum muss man Grammatik pauken? Was bringen die blöden Gedichte um Liebe und Landschaften? Warum lernt man nicht praktische, sinnvolle oder lustige Sachen, etwa die Hits aus dem Radio auswendig, wie man Baumhäuser baut oder Datenbanken knackt?

Was Lebensferne und Lebensnähe angeht, ist die Schule auf einem Schlingerkurs. Mal steuert sie mehr die Theorie an, mal die Praxis. Zurzeit will sie sich, so beobachtet es der Pädagogik-Professor, wieder eher auf einen praktischeren Kurs bringen. Also wird überlegt, ob man nicht Ballast abwerfen kann. Die Lehrpläne – also eine Art Stundenplan für Lehrer, auf denen steht, welche Themen sie mit den Schülern durchnehmen sollen – enthalten zu viel Gerümpel. Denn wie viel von der höheren Mathematik braucht man schon fürs Leben? Schließlich will nicht jeder später einmal Raketen bauen. Seit Pippi Langstrumpf und ihren Erlebnissen mit der Plutimikation kann man ja sogar diskutieren, ob es überhaupt nötig ist, die Multiplikation zu lernen, um im Leben bestehen zu können. Aber ernsthaft wird wohl niemand trotz aller Taschenrechner die Multiplikation abschaffen wollen.

Aber sosehr man die Schule auch entrümpelt und so viel man über Bord wirft, es ändert nichts daran, dass man in ihr eine gewisse Vorratshaltung betreiben wird. Manches muss eben für die hohe Kante gemacht und gedacht werden.

HASSFACH MATHE

Niemand würde von sich sagen: Ich bin dumm. Aber viele geben zu, dass sie mit Mathematik nichts anfangen können. Zehn Jahre nach dem Abitur können auch ehemals gute Mathe-Schüler kaum noch die Aufgaben der neunten Klasse lösen. Das Problem an der Mathematik ist, dass man nur einen winzig kleinen Teil der erlernten Formeln im späteren Leben braucht, den Rest vergisst man ganz schnell wieder. Ein Drittel der Deutschen, dies ergab eine Umfrage, wissen nicht, was 40 Prozent bedeutet. Manche sagten »ein Viertel«, andere »jeder Vierzigste«.

**SITZENBLEIBEN
LOHNT SICH NICHT**

Mittlerweile wird auch über den Sinn
des Sitzenbleibens nachgedacht.
Es solle abgeschafft werden, fordern
manche Bildungspolitiker. Jahr für
Jahr drehen in Deutschland 250.000
Schüler eine Ehrenrunde.
Die Wiederholung des Schuljahres
führt jedoch oft nur zum inneren
Abschalten im Unterricht.
Erfolgreicher sind Sitzenbleiber im
Wiederholungsjahr jedenfalls nicht

Obwohl der Unterricht schon so vollgestopft ist,
kommen immer neue Anforderungen auf ihn zu.
Die Schule soll ein Tausendsassa sein, sie soll
alles schaffen. Von Anfang an war sie ja dazu da,
den Kindern etwas beizubringen, was die Eltern
nicht wissen oder können. Aber sie kann nicht
alle Lücken füllen. Wenn die Kinder in ihrem Elternhaus kaum mehr erzogen werden, kann die
Schule das nicht komplett übernehmen. Aber
auch die Reihe der kleineren Ansprüche, an
denen sie bisher scheiterte, ist lang: Nachdem
das Telefon erfunden worden war, sollte sie die
Schüler mit der Benutzung dieses Apparates vertraut machen. Nachdem das Fernsehen erfunden worden war, sollte sie ihnen den sparsamen
Fernsehgebrauch beibringen. Gerade ist viel von

Computerunterricht die Rede. Vor einiger Zeit war sogar die Rede davon, dass man Tamagotchis in den Unterricht einbauen sollte. Zum Glück ist die Schule so langsam, sonst müsste sie auf jeden Quatsch eingehen. Biologie und andere Fächer blieben also von den elektronischen Plagegeistern verschont. Und wer erinnert sich heute noch an Tamagotchis?

Ist die Ganztagsschule eine neue Grausamkeit?

In den meisten Ländern gibt es Ganztagsschulen. In Deutschland sind sie die große Ausnahme. Und in Deutschland landen die Gespräche über Ganztagsschulen ganz schnell beim Mittagstisch und der bangen Frage der Eltern, wie denn das Mittagessen für die Kinder in einer Ganztagsschule gewährleistet werden kann. Dass die Schüler aus der derzeitigen Schule oft erst gegen halb zwei Uhr ausgehungert nach Hause wanken, scheint dagegen niemanden groß aufzuregen.

Die meisten Schüler verdrehen die Augen, wenn sie nur das Wort Ganztagsschule hören. Sie fürchten, die bisherige Sechs-Stunden-Qual würde noch um zwei Stunden verlängert. Doch in der jetzigen Halbtagsschule mit ihrem sechsmal 45-Minuten-Takt sitzt ein Wurm, den man gar nicht erst in die Ganztagsschule hineinlassen sollte. Dieser aberwitzige Lerntakt und Stoffwechsel widerspricht nämlich allem, was Wissenschaftler wie Professor Grunder über Lernen wissen. Es fängt schon mit der Frage an: Warum muss Schule vor acht Uhr beginnen? Angeblich soll die frühe Stunde die beste Zeit zum Lernen sein. Aber wer wann wie lernt, das ist von Mensch zu Mensch verschieden. In keinem Schulgesetz steht, dass die Schule mittags enden muss oder sechs Unterrichtsstunden aufeinander folgen sollten. Die Schulen könnten viel freier mit ihren Stundenplänen umgehen. Sie könnten viel Hohlstunden-Zeit zwischen den Fächern lassen, sie könnten vier Stunden Deutsch hintereinander geben, dann eine Sport-AG oder Eigeninitiative von Gruppen fördern. Die lästigen Hausaufgaben könnten betreut in der Schule gemacht werden. Von all dem und von kleineren oder altersgemischten Klassen kann man hier bis auf wenige Ausnahmeschulen vorerst jedoch nur träumen.

Wenn Hans-Ulrich Grunder sich fragt, wem die jetzige Halbtagsschule eigentlich nützt, dann findet er nur eine Antwort: vor allem den Lehrern. Sie halten den Unterricht hintereinander am Stück weg und können wieder nach Hause gehen. Außerhalb des Unterrichts sind sie fast nie in der Schule anzutreffen. Das wäre an einer Ganztagsschule anders, da stehen die Lehrer nicht nur im Klassenzimmer, sondern bereiten den Unterricht ebenfalls in der Schule vor. Sie sind ganztägig für die Schüler da.

Zwar sind die meisten Lehrer von der Idee einer Ganztagsschule nicht begeistert, aber vielleicht würde es auch ihnen in so einer Schule besser gehen. Diese Schule könnte ein persönlicheres Verhältnis zu den Schülern fördern, auch mehr Diskussionen und Austausch unter den Kollegen anregen. Vielleicht haben die Leh-

WIE LANGE DAUERT DIE SCHULE?

In vielen europäischen Ländern dauert die Schule über den Morgen hinaus. In England kommen die Schüler nicht vor 16 Uhr nach Hause, dann müssen sie auch noch Hausaufgaben machen. In Finnland ist zwischen 5 und 8 Stunden Schule, in Frankreich und Belgien endet die Schule auch gegen 16 Uhr, in Spanien ist dreimal die Woche um 14 Uhr und zweimal um 17.30 Uhr Schluss.

rer dann ja auch weniger mit der Vorbereitung des Unterrichtsstoffes zu tun, sie könnten gemeinsam über neue Methoden nachdenken, Schüler selber auf Stoffsammlung schicken. Sie müssten auch nicht so von einer Stunde und einer Klasse in die nächste hasten. Und schließlich tut es den meisten Menschen gut, wenn der Alltagstrott und die Routine durchbrochen werden. Aufbruch wirkt erfrischend und belebend. Und außerdem muss die Ganztagsschule nicht neu erfunden werden, Modelle dafür gibt es in Hülle und Fülle, nicht zuletzt in England oder Skandinavien.

Was kann man sich für die Schule kaufen?

So eine Schule ist nicht billig. Schließlich bekommen die Lehrer, der Hausmeister und die Sekretärinnen ihre Gehälter. Und auch die Putzfrauen, die nach Schulschluss alles wieder schön sauber machen. Die Schulgebäude sind auch nicht zum Spottpreis zu haben, und selbst die hässlichsten Schulmöbel, die schlimmsten Turngeräte und langweiligsten Schulbücher kosten Geld. Und wenn sie eine Weile von Kindern benutzt und bearbeitet worden sind, kosten sie noch mal. Dann müssen sie nämlich für viel Geld wieder hergerichtet oder neu angeschafft werden. Wenn nicht der Staat das alles bezahlen würde, sondern jedes Kind oder seine Eltern das Geld selber aufbringen müssten, wären für ein Grundschulkind knapp 300 Euro im Monat zu zahlen, ähnlich dem Preis für ein schönes

Kinderfahrrad. Verglichen mit den Summen für Privatschulen, ist das noch wenig. Wenn man allerdings die gesamte Schulverwaltung, nicht nur am Wohnort, sondern auch im Bundesland und in ganz Deutschland, bis hin zu dem für die Schulen zuständigen Minister hinzurechnen würde, müssten die Eltern auch für die staatlichen Schulen viel höhere Beträge aufbringen.

Kann man nicht wenigstens die schlechten Noten abschaffen?

Es gibt Erziehungswissenschaftler, die vertreten eine unerhörte Meinung, etwas wovon viele Kinder träumen. Hans-Ulrich Grunder gehört dazu, er sagt nämlich: Wenn man die Noten abschaffen würde, würde sich gar nicht so viel ändern in der Schule.

SCHULE SCHAFFT LEHRER

Nicht nur die Schüler, auch die Lehrer leiden unter der Schule. In den letzten Jahren spricht man von einer Berufskrankheit, dem Burn-out-Syndrom. Jemand ist »ausgebrannt". Mit Burn-out ist ein Zustand völliger Erschöpfung gemeint. Es gibt ihn auch in anderen Berufen. Was macht die Lehrer dafür besonders anfällig? Es sind die immer größeren Klassen, der wachsende Druck von außen, zum Beispiel durch die Eltern, und die Angst zu versagen.

DIE BESTE SCHULE

Die Schüler der Sekundarschule Voionmaa in Jyväskylä in Finnland erreichten in der PISA-Studie unter Schulen in 32 Ländern die besten Noten. In dieser Schule schreibt jeder Schüler jedes Jahr einen Bericht über sich selbst, beschreibt darin, worin er gut ist oder sich schwach fühlt und wie er seine Lehrer findet. Wenn die Schüler Lernprobleme haben, gehen sie vorübergehend in »Kliniken« – so heißen kleine Klassen. Das Schuljahr gliedert sich in sechs Perioden zu sechs Wochen aus wechselnden Fächern mit je sechs Wochenstunden.

Man hat in anderen Ländern auch schon damit angefangen. Die finnischen Lehrer geben erst ab der siebten Klasse Noten, und trotzdem ist dort noch nicht das Chaos ausgebrochen. In Deutschland denkt man immer gleich, ohne Noten liefe nichts. Als würden die Schüler dann sofort das Denken einstellen. Dabei wollen Kinder auch von sich aus etwas leisten, sie wollen Leistung bringen. Aber das hat mit Noten nichts zu tun. Noten sind ungerecht, sie vereinfachen. Grunder fände es besser, wenn die Lehrer Beurteilungen für jeden einzelnen Schüler schrieben. Da könnte zum Beispiel drinstehen, dass Olaf sich im Vergleich zum letzten Jahr verbessert oder dass er in Englisch nachgelassen hat, weil er keine Vokabeln lernt. Solche Beurteilungen sagen mehr als eine Drei oder eine Vier.

Ja, und wenn dann das Schulende naht? Dann kehrt man doch wohl oder übel zum alten Notenmodell zurück, und das trifft die Schüler dann umso härter. Plötzlich steht ein Fünfer da, wo vorher mit freundlichen Worten ein paar Mängel umschrieben wurden. Vielleicht steht da aber auch: Max hat unter zwanzig 15-Jährigen in Mathe den 15. Platz belegt. Er hat 58 Prozent der Lernziele erreicht, und das entspricht einer Vier. So etwas wäre denkbar, aber man könnte noch weiter gehen. Nicht einmal zum Schulabschluss müssten Noten sein. Selbst Abgangszeugnisse sind ersetzbar. Durch eine Mappe voller Arbeitsproben. Die enthält ausgesuchtes Material aus der Schulzeit: einen Aufsatz, Berechnungen, eine Bewertung des Arbeitsstils, eine handwerkliche Probe. Das ähnelt übrigens den Bewerbungsmappen, die man später nach der Berufsausbildung oder dem Studium zusammenstellt. Die ersten großen Firmen kommen langsam dahinter, dass sie auf diese Weise mehr über die Bewerber erfahren und außerdem die Zeit sparen, die sie sonst für Gespräche und Tests bräuchten. Die achten nämlich nicht alle nur auf Einser-Schüler, sondern gucken auch darauf, wer auf welche Stelle passt.

Wenn die Noten abgeschafft würden, würde bei den Schülern nicht die große Faulheit ausbrechen. Vielleicht würden sie sogar fleißiger, weil sie merken, dass Lernen Spaß machen kann. Und dass die Schule gar nicht so doof ist.

Denn eigentlich ist die Schule eine tolle Erfindung, ein Erfolgsmodell, das sich weltweit durchgesetzt hat. Die Frage, warum Schule doof ist, ist falsch gestellt. Schule an sich ist überhaupt nicht doof. Und keineswegs von Erwachsenen nur ausgedacht, um Kinder zu stressen. Allerdings sind manche Schulen besser und andere schlechter, das hängt ganz vom Unterricht der einzelnen Lehrer ab, oder davon, wie vollgestopft die Klassen sind und wie die Stundenpläne aussehen. In dieser Beziehung lässt die deutsche Schule sehr viel zu wünschen übrig. Die Halbtagsschule, wie sie in Deutschland üblich ist, ist wirklich doof.

SCHUL-WUNSCHZETTEL

Von achthundert Kindern, die die Kinder-Uni-Vorlesung über die Schule besuchten, nahmen knapp fünfhundert an einer schriftlichen Umfrage teil. Gefragt war nach den Wünschen an die Schule. Man konnte mehrere nennen. Ganz oben stand für die Kinder »weniger Hausaufgaben«, dann »mehr Ferien, mehr Freizeit, kürzere Schule«, »bessere, liebere, nettere Lehrer», »mehr Spaß«, »mehr Sport«, »längere Pausen« und »bessere Pausenhofgestaltung«.

Beruf Wissenschaftler

Wenn Professoren heute in Fachzeitschriften über ihre Arbeit berichten, verstehen die meisten Menschen nur noch Bahnhof. Viele Forschungen sind so speziell geworden, dass manchmal schon die Kollegen aus dem Labor nebenan sie nicht mehr beurteilen können.

Haben die Wissenschaftler uns also nichts mehr zu sagen? Können sie nur noch mit anderen Wissenschaftlern sprechen? Glücklicherweise nicht. Die Professoren der Kinder-Uni haben bewiesen, dass hochspezialisierte Forscher nicht so weltfern und eingebildet sind, wie viele denken. Über all ihren komplizierten Forschungen haben sie die großen Fragen der Kindheit nicht vergessen. Schließlich waren sie selbst einmal Kinder, die ihren Eltern viele Warum-Fragen gestellt haben.

In acht Porträts stellen wir die Professoren der ersten deutschen Kinder-Uni und ihre Wissenschaften vor. Wir wollten wissen, wie aus Kindern Wissenschaftler wurden. Und wir lernten, dass die Wege, die in die Wissenschaft führen, so unterschiedlich sind wie die Wissenschaften selbst.

Der Urgeschichtler

Nicholas Conard wurde in Cincinnati geboren, einer Stadt im amerikanischen Bundesstaat Ohio. Ursprünglich wollte er Architekt werden wie sein Onkel Peter in Afrika. Doch als der 15-jährige Nicholas den Onkel einmal besuchen wollte, hatte der keine Zeit. So beschloss er, in jenem Sommer mit seinem Bruder Anthony ein Ausgrabungsprojekt mitzumachen. Das gefiel ihm sofort sehr gut. Als Ausgräber ist man viel im Freien und kann Kopf und Körper in Schwung halten.

Dennoch entschied sich Conard nach der Schule nicht sofort für die Archäologie. Er studierte erst einmal ein Fach, das es in Deutschland in dieser Form gar nicht gibt: »Anthropology«. Diese Wissenschaft beschäftigt sich mit dem Menschen und allem, was an ihm besonders ist, seine Entwicklung, seine Kultur, seine Sprache, seine Biologie, sein Verhalten. Zusätzlich studierte Conard aus Neugier Chemie, weil er fand, dass man ohne Chemie das Leben und die Welt gar nicht verstehen kann. Das Chemie-Studium war hart. Conard musste sehr viel arbeiten und nebenher noch jobben. Außerdem hat er noch ein Diplom in Physik gemacht und war so gut, dass er überlegte, ob er nicht Physiker werden solle. Weil er aber keine Lust hatte, in einem unterirdischen Betonbau mit einem Teilchenbeschleuniger sein weiteres Leben zu verbringen, entschied er sich für die Archäologie. Da, findet er, gibt es einfach alles, Natur- und Geisteswissenschaften. Die Archäologie ist für Conard die beste Wissenschaft von allen.

Um ein guter Archäologe zu sein, muss man ein Talent zur Ordnung haben. Als Forscher hat man an einer Grabungsstelle oft mit Tausenden von winzig kleinen Funden zu tun, mit Stein-, Knochen- und Holzsplittern, mit Pflanzenfasern oder Farbresten, die markiert, vermessen, fotografiert und in Tausende von Tüten gepackt werden. Als Nächstes muss man sich dann Gedanken machen, wie alles zusammenhängt. Ein Talent zum Puzzeln kann also auch nicht schaden.

Es gibt Leute, die den Archäologen vorwerfen, sie seien Grabschänder und würden die Ruhe der Toten stören. Aber Professor Conard hält das für Unsinn. Wenn ihn jemand in zehntausend Jahren ausgraben würde, empfände er das als Ehre. Archäologen, sagt Conard, erwecken Menschen aus einer lange vergangenen Zeit wieder zum Leben.

SPURENSUCHE

Oft nimmt sich ein Ausgräber an einer Fundstelle zunächst einen Quadratmeter Erde vor. Mit einer Kelle wird behutsam gekratzt, Erdschicht um Erdschicht abgetragen. Bis vielleicht ein Steinwerkzeug, ein Knochen oder eine kleine Figur auftaucht. Etwas zu finden ist ungeheuer aufregend, weil man mit Hilfe solcher Funde möglicherweise erklären kann, wie unsere Vorfahren gelebt, was sie gegessen, wie sie ihre Toten bestattet oder ob sie schon Schmuck angefertigt haben.

Der Empirische Kulturwissenschaftler

Der Alltag erscheint einem zwar selbstverständlich, aber eigentlich steckt er voller Rätsel. Die Empirische Kulturwissenschaft erforscht diese Rätsel. »Empirisch« heißt: erfahrungsgemäß, diese Wissenschaft knüpft also bei den Erfahrungen der Menschen an. Man begibt sich mit ihr ein bisschen in die Rolle eines neugierigen Touristen oder Urwaldforschers. Dem Blick des Fremden stellen sich viele Fragen: Welche Bilder hängen sich die Leute an die Wände? Wodurch unterscheiden und ähneln sich die Vorgärten in einer Reihenhaussiedlung? Welche Spiele spielen die Kinder? Wie ändern sich die Essgewohnheiten? Die Kulturwissenschaft findet ihre Themen nicht nur in der Gegenwart, auch die Vergangenheit ist voller ungestellter Fragen und nie gegebener Antworten, die einem mehr über das Leben in anderen Zeiten sagen.

Als Kind hatte Hermann Bausinger ganz andere Pläne. Pilot wollte er werden, weil er vom Atlantik-Flieger Charles Lindbergh begeistert war, dann Briefträger, weil er von einem Langstreckenläufer begeistert war. Aber das ist eine andere Geschichte.

Mit 18 Jahren hatte er dann relativ viel Zeit, über seine Zukunft nachzudenken. Er steckte damals in einem Kriegsgefangenenlager in Frankreich. Bausinger war gleich nach dem Notabitur als Soldat an die Westfront geschickt worden. 1946 kehrte er nach Deutschland zurück. Und da er wusste, wie wenig er in der nationalsozialistischen Schule gelernt hatte, beschloss er, seine Schulzeit freiwillig zu verlängern, um ein richtiges Abitur zu machen.

Danach entschied er sich, Germanistik, also deutsche Sprache und Literatur, zu studieren. Doch es blieb nicht allein dabei. Der Tübinger Student hatte mitbekommen, dass es an der Universität ein Fach gab, in dem über Märchen und Sagen geforscht oder die Entstehungsgeschichte von Bräuchen untersucht wurde. Nach einem Ausflug dahin hatte er das Gefühl, dort näher am Leben dran zu sein als in der Germanistik. Das Fach hieß damals noch Volkskunde, und es wurde hier vor allem über Trachten, Dialekt oder Karneval geforscht. Bausinger sollte später völlig neue Themen hineinbringen: Comics, Fußball, Kneipen, das Multi-Kulti-Zusammenleben verschiedener Kulturen oder auch Fernsehserien.

Ein Kulturwissenschaftler hat es eigentlich recht gut. Er kann sich tagelang auf Fußballplätzen herumtreiben und sagen, dass es seiner Forschung dient. Dann erforscht er eben den Fußball. Er schaut bei den Spielen zu, befragt aktive und ehemalige Fußballer, macht Interviews mit Trainern, schaut sich das Vereinsleben

an, liest Sportler-Memoiren, geht in die Archive, in denen die alten Akten einer Stadt oder eines Landes aufbewahrt werden und wo man nachlesen kann, aus welchen Familien und welchen Berufen die Fußballer früher kamen. Wenn die Kulturwissenschaftler ihre »Feldstudien« abgeschlossen haben, dann heißt es aber auch für sie: zurück an den Schreibtisch. Dort nämlich entstehen ihre Aufsätze und Bücher.

Für Hermann Bausinger tun sich auch im Ruhestand – also nach der Emeritierung, wie das bei Professoren heißt – immer neue Forschungsgegenstände auf. Und da er ein bekannter Mann ist und viele Leute wissen, dass er zu allerlei Dingen etwas Kluges zu sagen hat, bekommt er viele Anrufe vom Fernsehen, Rundfunk, von Zeitungen, Kinder-Uni-Veranstaltern und Verlagen. Oder es fragt ihn jemand, ob er schon mal ein ganz bestimmtes Dialektwort gehört hat und woher es kommen könnte. Oder es gibt ein ganz besonderes Fachwerk an einem Haus, und der Besitzer will mehr darüber wissen. Als Empirischer Kulturwissenschaftler kann man viele verschiedene Berufe ausüben. Man kann bei einer Zeitung, beim Fernsehen oder Rundfunk arbeiten, aber auch Ausstellungen machen oder im Museum arbeiten, so gut wie in der Erwachsenenbildung oder in der Wissenschaft. Empirische Kulturwissenschaft ist so universal wie der Alltag.

Der Mineraloge

Wie es sich gehört, war es ein Vulkan, der Gregor Markl zur Mineralogie brachte. Als kleines Kind machte er von seinem Heimatort Konstanz aus mit den Eltern einen Ausflug in den Hohentwiel. Der Hohentwiel ist ein Bergkegel mit einer Burg obendrauf und war früher einmal ein Vulkan. Der kleine Gregor fand dort ein Stück Lavagestein und war sofort begeistert. Der Lavastein aus dem Hohentwiel war der Beginn seiner Steinsammlung, die heute fast 6000 Steine umfasst. Wann immer er Zeit hatte, zog Gregor mit einer Hacke in die Gruben der Umgebung, um neue aufregende Steine zu finden. Über seine Entdeckungen schrieb er schon als Schüler Aufsätze in Sammlerzeitungen. Die Eltern haben seine wissenschaftlichen Interessen von Anfang an unterstützt, obwohl sie mit Steinen nicht viel am Hut hatten. Die Mutter ist Biologielehrerin, der Vater ein bedeutender Zoologe. Weil der Vater an der Universität war, hatte der Sohn nie besonders viel Respekt vor der großen Hochschule. »Ich bin von Kindesbeinen

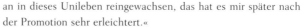

»VORSICHT, HEISS!«

Manchmal wird das Wissenschaftlerleben sogar richtig gefährlich. Professor Keller, ein Lehrer von Gregor Markl, untersuchte einmal einen Vulkan in Tansania. Er war allein mit einem Studenten unterwegs, die beiden zelteten auf dem Grund des Kraters. Eines Tages war der Student für einen Moment unaufmerksam und trat mit seinem Turnschuh in 500 Grad heiße Lava. Der Turnschuh war sofort geschmolzen, und der Student trug schwere Verbrennungen davon. Gestützt auf den Professor, musste er aus dem Vulkan herausklettern und schließlich mit nur einem Bein 2000 Meter den Berg hinabsteigen.

an in dieses Unileben reingewachsen, das hat es mir später nach der Promotion sehr erleichtert.«

Gregor Markl ist nicht so, wie sich viele Leute einen typischen Professor vorstellen. Er trägt Jeans und T-Shirts wie seine Studenten, hat meistens gute Laune und spricht völlig normal. Nur vergesslich ist er schon wie ein richtiger Professor. »Ich kann mir nichts merken«, meint er und grinst dabei. So schlimm kann es aber nicht sein, schließlich hat er es schon mit 28 Jahren zum Professor gebracht und war damals der jüngste in Deutschland.

Von seiner Wissenschaft ist er bis heute begeistert und kann stundenlang darüber erzählen, wie viel Spaß die Arbeit mit Steinen macht. Als Mineraloge untersucht Markl die komplizierten Vorgänge in der Erde. Dazu schaut er sich Steine aus der Erdkruste an und analysiert sie mit raffinierten Methoden. Steinengucken ist für viele Leute langweilig, aber nicht für Gregor Markl. Er findet, dass die Mineralogie ungeheuer abwechslungsreich und nützlich ist. »Meine Wissenschaft hilft dabei, die Erde zu verstehen.« Heute entwickeln Mineralogen neue Materialien, suchen nach Methoden, um Schadstoffe wie Quecksilber und Blei aufzuhalten. Sie untersuchen kostbare Edelsteine und kundschaften aus, wo man Rohstoffe in der Erde findet. Und sie erforschen die Vulkane.

Mineralogen kommen viel herum in der Welt. Auf der Suche nach interessanten Steinen machen sie viele Expeditionen und können ein ziemlich abenteuerliches Leben führen. Sie reisen in die Antarktis, nach Grönland oder auf die Lofoten.

Die meiste Zeit verbringen sie jedoch im Labor. Mit hochmodernen Apparaten schneiden die Mineralogen ihre Steine in hauchdünne Scheiben und betrachten sie dann unter dem Elektronenmikroskop. Oder sie erzeugen im Labor hohe Temperaturen und sehr viel Druck, um zu sehen, wie sich die Steine verändern. Steine sind nämlich gar nicht so fest, wie sie aussehen. Schließlich bestand die Erde zu Beginn im Prinzip nur aus einem einzigen Material, das sich im Laufe von 4,6 Milliarden Jahren in unendlich viele Formen und Gesteine veränderte. Jeder Stein hat also eine sehr lange Geschichte und viel zu erzählen.

Der Pathologe

Die Pathologie ist ein Fachgebiet der Medizin, es ist die Lehre von den Krankheiten. In der Pathologie werden Gewebeproben von

lebenden Menschen untersucht, um daraus Behandlungsmetho-
den und Heilungschancen abzuleiten. In der Pathologie werden
aber auch Todesursachen erforscht. Viele Menschen gruseln sich,
wenn sie sich die Arbeit eines Pathologen vorstellen. Oft wird
behauptet, die Pathologen seien völlig abgebrüht. Sie könnten
problemlos ein Butterbrot essen – und dabei eine Leiche zertei-
len. Solche Vorstellungen vom Pathologen sagen vor allem etwas
über die Vorstellungen vom Tod, dass er nämlich als sehr unheimlich empfunden wird. Selbst für Pathologen bleibt der Umgang
mit Toten etwas Außergewöhnliches und Beklemmendes, auch
wenn jemand täglich Leichen obduzieren muss.

Man könnte behaupten, Edwin Kaiserling sei Pathologie-Pro-
fessor geworden, weil schon sein Vater es war und sein Großvater
ebenfalls. Ganz so einfach ist die Sache aber nicht. Erst mit
18 oder 20 Jahren traf er die Entscheidung, ebenfalls Pathologe zu
werden. Sein Studium begann aber gewissermaßen schon in seiner Kindheit. Mit seinem Vater hat er viele Experimente gemacht.
Wunderbare Experimente. Das wichtigste Instrument dabei war
das Mikroskop, damals noch aus Pappe. Manchmal durfte er auch
an die viel genaueren Geräte seines Vaters. Die enthüllten in tau-
sendfacher Vergrößerung die Geheimnisse des Mikrokosmos.
Edwin Kaiserling ist heute noch von den Schönheiten der Materie
überwältigt, von den vielfältigen Mustern, die die Natur quer
durch die Pflanzen- und Tierwelt geschaffen hat.

Das Mikroskop ist immer noch sein wichtigstes Instrument. Oft
muss er an ihm die Frage klären, ob der Tumor eines Patienten
gut- oder bösartig ist. Ein Professor beurteilt außerdem Befunde
von Kollegen, nimmt Prüfungen ab oder bietet Fortbildungsveran-
staltungen für Ärzte an. Edwin Kaiserlings letzte Sektion, also die
Untersuchung eines Toten, liegt übrigens schon eine Weile
zurück. Die Sektionssäle werden heute nicht mehr so oft benötigt,
weil die Zahl der Obduktionen insgesamt abgenommen hat. Das
liegt daran, dass die Ärzte ihre Patienten schon in lebendem Zustand recht genau untersuchen können, weil es so viele Techniken
zum Durchleuchten und Vermessen gibt. Wenn man es genau
nimmt, war Edwin Kaiserlings letzte Sektion die Untersuchung
seines Haushuhns Goggel für den Kinder-Uni-Vortrag.

Wenn der Professor heute noch einmal vor der Berufswahl
stünde, wäre er vielleicht Neurowissenschaftler geworden, also
jemand, der sich mit dem Gehirn beschäftigt. Heute kann man
mit speziellen Apparaten beobachten, was im Gehirn passiert,
während es denkt. Das ist höchst aufregend. Dieser Bereich der

**Edwin Kaiserling erforscht seit
20 Jahren die Lymphknoten. Das sind
die Knubbel oder Knötchen, die man
am Hals, in der Achselhöhle oder in
der Leistengegend ertasten kann.
Wenn man krank ist, schwellen sie
an, denn sie haben vor allem die
Aufgabe, den Körper zu entgiften
und Krankheitserreger abzuwehren.
Eigentlich dachte man immer, jeder
Mensch kommt mit seinem
kompletten Satz Lymphknoten auf
die Welt. Doch der Forscher stellte
fest, dass sich Lymphknoten auch
später, zum Beispiel nach
Verletzungen, neu bilden können.
Damit hatte er etwas Unbekanntes
entdeckt.**

Medizin wird derzeit am stärksten gefördert und mit Geld ausgestattet. In welche Forschung das Geld jeweils fließt, das richtet sich übrigens nicht allein nach den Krankheiten. Wenn das so wäre, müsste sehr viel mehr Geld in die Krebs- oder die Aids-Forschung gesteckt werden. Doch es spielt immer auch eine große Rolle, womit sich am meisten Geld verdienen lässt. Man steckt viel Geld in die so genannte Grundlagenforschung, in der Hoffnung, auch viel Geld herauszubekommen, weil sie für viele Wissenschaften nützlich sein kann.

Der Erziehungswissenschaftler

Hans-Ulrich Grunder, der in der Schweiz geboren und aufgewachsen ist, hat das Lernen anfangs großen Spaß gemacht. Als Kind ging er gern in die Schule. In der siebten Klasse änderte sich das, von da an fand er Schule doof. Und so baute er nach und nach ab und wäre beinahe mit vier Ungenügend durchs Abitur gefallen. Als guter Prüfungstyp schaffte er es aber doch noch mit einer Punktezahl, an die keiner auch nur im Traum gedacht hätte. Aus seiner früheren Klasse sind zwei Schüler später Professor geworden: der Klassenbeste und der Klassenschlechteste – nämlich er.

Erziehung – eine Wissenschaft? Jeder kann doch Mutter oder Vater werden, ohne auch nur einen Gedanken auf die Erziehung der Kinder zu verschwenden. Gut, die meisten machen sich schon Gedanken darüber, was sie ihren Kinder erlauben und was sie ihnen verbieten sollen, was gut und was schlecht für sie ist. Den ganzen Tag mit Bergen von Chips vor der Glotze abzuhängen finden die meisten Eltern für ihre Kinder nicht besonders gut. Sie verhindern es also, indem sie es verbieten, bestimmte Fernsehregeln aufstellen oder mit den Kindern Zeiten aushandeln. So oder ähnlich oder ganz anders erziehen die Eltern die Kinder.

Die Erziehungswissenschaftler hingegen beobachten die verschiedenen Erziehungsmethoden und untersuchen deren Wirkung. Wenn ein Kind sich oft langweilt, wenig Interessen entwickelt und körperliche Anstrengungen meidet, wird der Erziehungswissenschaftler vor einer weiteren Überfütterung des Kindes mit Fernsehen und Chips warnen und aktivere Freizeitbeschäftigungen empfehlen. Erziehungswissenschaftler sind aber nicht nur Berater der Eltern, sie sind genauso Berater für Lehrer oder Erzieher, und sie entwickeln spezielle Lernmethoden für Erwachsene, denn die tun sich mit dem Lernen viel schwerer als die Kinder.

Nach der Schule war Hans-Ulrich Grunder vor allem klar, was er nicht werden wollte: weder Sprachwissenschaftler noch Arzt oder Ingenieur. Er entschied sich ausgerechnet für die Fächer, die er in der Schule am wenigsten beherrscht hatte, und begann also, Mathematik, Chemie und Physik zu studieren. Zunächst mit mäßigem Erfolg, und somit war klar, dass er keinen Diplom-, sondern einen Lehramtsabschluss machen musste. Er besuchte die Vorlesungen eines Professors, der Religionspädagoge war, also an der Universität Religionslehrer ausbildete. Das war seine erste Begegnung mit der Erziehungswissenschaft, und die gab seiner Ausbildung eine neue Wendung.

Schon während des Studiums gründete er mit anderen zusammen eine neue Schule. Heute gibt es sie nicht mehr. Sie hieß Freie Volksschule Bern. In dieser Schule wurden die Kinder nicht in die üblichen Klassen eingeteilt, sondern in drei Jahrgängen zusammen unterrichtet. Es gab auch keine frühe Einteilung in verschiedene Schultypen. Die Kinder hatten mehr Zeit, sich zu entwickeln, und lernten trotz unterschiedlicher Begabungen miteinander.

Während seiner Lehrerzeit begann Grunder ein zweites Studium, diesmal Journalismus, Ethnologie (Völkerkunde) und Pädagogik. Und weil er von dem, was er da lernte, so überzeugt war, ging nun alles sehr schnell: Mit 38 Jahren war er Professor für Erziehungswissenschaft.

Lesen und Seminare oder Vorlesungen vorbereiten sind die Hauptbeschäftigungen eines Pädagogik-Professors. Während des Semesters, also wenn der Unibetrieb läuft, hält er pro Woche acht Stunden Vorlesungen und Seminare, berät Studenten, betreut ihre Abschlussarbeiten und nimmt Prüfungen ab. Er bildet aber auch Lehrer aus, reist viel herum und hält Vorträge.

Der Islamwissenschaftler

Islamwissenschaftler sind Geisteswissenschaftler. Deshalb stehen sie nicht im Labor, sondern arbeiten hauptsächlich am Schreibtisch und lesen viele Bücher und Schriften. Oft studieren sie Dokumente, die über 1000 Jahre alt sind. Solche wertvollen Schriften bekommen sie aber meistens nicht im Original zu sehen, sondern nur als Fotokopie. Professor Lutz Richter-Bernburg hat Arabisch, Persisch, Türkisch und Altgriechisch gelernt. So kann er eine Menge Schriften lesen und vergleichen. Der Wissenschaftler interessiert sich besonders für das Verhältnis von Philosophie und Religion und für die Entwicklung der Medizin. Er hat zum Beispiel erforscht, wie und mit welchen Mitteln man im 19. Jahrhundert im Iran gegen eine Pockenepidemie kämpfte. Viele Forschungen in der Islamistik sind aber ziemlich speziell: »Eine arabische Version der pseudogalenischen Schrift De theriaca ad Pisonem«, hieß zum Beispiel die Doktorarbeit von Richter-Bernburg.

Lutz Richter-Bernburg ist ein Mensch, der gern in alten Texten wühlt, »im Material«, wie er es nennt. Wie ein Detektiv sucht er dort nach Spuren. Kritisiert ein persischer Autor in seinem Text vielleicht einen arabischen? Haben die Muslime möglicherweise eine Koranauslegung von den Griechen gelernt? Es macht ihm Spaß, neue Verbindungen zwischen Texten und Autoren zu entdecken und die Geschichte besser zu verstehen.

Auf sein heutiges Fachgebiet hat ihn in der dreizehnten Klasse sein Deutschlehrer gebracht, der ihm riet, sich mit dem Orient zu beschäftigen. In Tübingen schrieb Richter-Bernburg sich für ein Studium der Islamwissenschaft ein und musste erst einmal viele Sprachen lernen. Vor allem Arabisch ist nicht einfach, weil hier auch die Schrift ganz anders ist als im Deutschen. Arabisch kann Richter-Bernburg heute fließend sprechen.

Professor Richter-Bernburg ist gern Islamwissenschaftler, aber er würde dem Islam nie beitreten. Er respektiert, dass rechtgläubige Muslime den Koran für Gottes Wort halten, aber er selbst studiert den Koran wie jedes andere Buch auch. Als Islamwissenschaftler versucht er zu verstehen, wie die Schriften gemeint sein könnten. Das ist sehr sinnvoll, weil die Islamwissenschaftler dann auch ein bisschen die muslimischen Gelehrten überprüfen können. Ohne Islamwissenschaftler wären die muslimischen Gelehrten die einzigen, die erklären könnten, was Dschihad bedeutet oder ob ein Kopftuch wirklich vom Koran verlangt ist.

Darüber hinaus versuchen Islamwissenschaftler wie Professor Richter-Bernburg, auch anderen Menschen zu erklären, was der Islam bedeutet und was die Muslime wollen. Das ist vor allem nach dem Terroranschlag in New York sehr wichtig geworden, weil viele Leute Angst vor dem Islam und den Muslimen bekommen haben. In Interviews, Vorträgen oder öffentlichen Diskussionen erklärt Richter-Bernburg seitdem immer wieder, dass der Koran und die Terroranschläge genauso viel oder wenig miteinander zu tun haben wie das Christentum und die Straßenschlachten in Nordirland.

Der Paläontologe

Zwar war Volker Mosbrugger schon als Kind sehr neugierig und hat zum Beispiel gern Vögel in der Natur beobachtet. Aber Dinos haben ihn nicht besonders interessiert. Auch die Wissenschaft fand er damals langweilig. Er spielte lieber Fußball. Und weil sein

Vater Lehrer war, wollte er später selbst auch Lehrer werden. Folgerichtig studierte er nach dem Abitur in seiner Geburtsstadt Konstanz, in Freiburg und in Montpellier Biologie und Chemie. Doch als er nach dem Staatsexamen seine ersten Unterrichtsstunden geben sollte, kamen ihm plötzlich Zweifel, und er beschloss, dass er noch zu jung sei, um sich auf das Lehrerdasein einzulassen. Wenn man erst einmal Lehrer ist, fürchtete er, passiert nichts mehr bis zur Rente. So begann er eine Doktorarbeit über die Evolutionstheorie. Die Arbeit wurde zur Einstiegsdroge, plötzlich war er fasziniert von der Paläontologie.

Diese Wissenschaft beschäftigt sich mit dem Leben in lange vergangenen Zeiten. Paläontologen graben auf der ganzen Welt Fossilien aus und untersuchen sie mit raffinierten technischen Methoden. Was gab es früher für Lebewesen? Wie haben sie gelebt? Wie haben sie sich in ihrer Umwelt behauptet und entwickelt? In welcher Umwelt lebten sie überhaupt? Und was können wir daraus lernen? Das sind die Fragen, denen die Paläontologen heute nachgehen.

Mit seinem Ausgrabungsteam, zu dem auch Studenten gehören, war Volker Mosbrugger unter anderem in Brasilien, im Mittelmeerraum und in China. Manche Wissenschaftler spüren, wo sie bei Ausgrabungen etwas Interessantes finden können. Mosbrugger hat nicht so ein Gespür, aber er hat Riesenspaß beim Puzzeln. Er ist ein Analytiker, der Wissenschaft wie ein Schachspiel betreibt, wie eine Denksportaufgabe. Gemeinsam mit seinem Team überlegt er, was die Daten bedeuten könnten, die bei einer Grabung gewonnen werden. Und daraus zieht er Schlüsse, die ihm zum Beispiel sagen, wie das Klima vor Millionen von Jahren gewesen sein könnte. Und weil er das ziemlich gut kann, bekam er 1999 die höchste Auszeichnung für deutsche Wissenschaftler, den Leibniz-Preis.

Die Beschäftigung mit so großen zeitlichen Dimensionen, sagt Volker Mosbrugger, lässt einen mit anderen Augen in die Gegenwart schauen. Es gibt eine gewisse Gelassenheit, wenn man glaubt, wesentliche Teile des Weltenlaufs zu verstehen, und man nimmt sich nicht mehr so wichtig. Außerdem hat man nicht mehr so viel Angst, dass die Erde morgen untergehen könnte, wenn man auf 4,6 Milliarden Jahre Erdgeschichte zurückblicken kann. Der Nachteil ist, dass die Wissenschaft die Welt nicht so erklärt wie eine Religion. Eine Religion hat Werte und gibt Sicherheit, die Wissenschaft stellt alles in Frage.

Das Besondere an der Paläontologie ist, dass die Welt ihr Labor

Die meisten Paläontologen betreiben heute keine Wissenschaft mehr, sondern arbeiten in der Wirtschaft. Dank ihrer Ausbildung kennen sie sich in ganz unterschiedlichen Naturwissenschaften aus, in Physik, Chemie, Biologie. Sie arbeiten in Ingenieurbüros, beraten Städte und Gemeinden oder forschen in großen Firmen. Nur etwa zwanzig Prozent gehen in die Wissenschaft.

ist. Als Paläontologe kann man die Erde und ihre Geschichte verstehen und damit auch vieles, was in der Gegenwart passiert. Die Klimaveränderungen sind dafür ein gutes Beispiel. Als Forscher kommt man außerdem viel herum, lernt fremde Länder kennen und ist dort nicht nur ein Tourist. Wenn man allerdings gerne Anzug und Krawatte trägt und sich mit eleganten Damen umgibt, sollte man besser Diplomat werden, meint Mosbrugger.

Allerdings zieht auch Professor Mosbrugger manchmal einen Anzug an. Zum Beispiel, wenn er verhandelt. Wie viele andere Professoren muss er oft mit Politikern, Managern oder Gutachtern sprechen, um Geld für seine Projekte aufzutreiben. Da muss man nicht nur gute Ideen haben, sondern seine Ideen auch gut vorstellen können. Geld ist nämlich auch in der Wissenschaft ziemlich wichtig.

Der Wirtschaftswissenschaftler

Die Wirtschaftswissenschaft teilt sich auf in die Volkswirtschaftslehre (VWL) und die Betriebswirtschaftslehre (BWL). Wie die Namen schon sagen, befasst sich die eine in größerem Maßstab mit den nationalen Märkten und dem Weltmarkt, während die andere die einzelnen Einheiten, die Betriebe und Unternehmen, untersucht. Beide Wissenschaften beschäftigen sich also intensiv mit dem Wirtschaftsleben, der Grundlage jeder Gesellschaft. Und an beiden Lehren erkennt man, dass die Welt voller Zahlen steckt. Zahlen sind aber nicht, wie man immer annimmt, klar und eindeutig. Auch Zahlen muss man lesen und interpretieren können.

Politiker nutzen die Vieldeutigkeit von Statistiken oft für sich aus und machen damit Stimmung im Sinne ihrer Partei. So kann ein Politiker behaupten, die Zahl der Arbeitslosen sei während der Regierungszeit seiner Partei von 1000 auf 500 gesunken. Das hört sich wie ein großer Erfolg an, man denkt: Toll, 500 Leute haben Arbeit gefunden! In Wirklichkeit ist vielleicht etwas anderes passiert: Zum Beispiel könnte die Regierung Arbeitslosen zu günstigen Bedingungen Startgeld für die Gründung von Unternehmen geliehen haben. Dann beginnen Arbeitslose, Geschäftsideen zu entwickeln. Ob sie damit Erfolg haben, erweist sich erst später.

Wirtschaftswissenschaftler erkennen geschönte Statistiken sehr schnell. Eberhard Schaich hat sich auf Statistik und besonders die Messung von Armut spezialisiert. Schon in seiner Schulzeit hatte er großen Spaß daran, mit Zahlen umzugehen. Aber er war kein einseitig begabtes Mathe-As. Seine Interessen waren breit gestreut. Und so stand er, als er mit 17 Jahren das Abitur in der Tasche hatte, eben vor der Frage: Was nun? Er entschied sich, erst einmal etwas Handfesteres zu lernen, und machte eine kaufmännische Lehre. Danach trug sich der Industriekaufmann für das Studium der Betriebswirtschaftslehre ein. Sein ursprünglicher Berufswunsch war, Lehrer an einer Wirtschaftsschule zu werden. Aber dabei blieb es nicht lange, die Leidenschaft für die Mathematik meldete sich mit aller Macht wieder.

Und so leistete Schaich, praktisch nebenbei, ein Mathe-Grundstudium ab, was den meisten Studenten den vollen Arbeitseinsatz abfordert. Schaich jedoch fiel der Umgang mit Zahlen schon immer leicht, er mag Tabellen und die Art, wie Entwicklungen in Zahlen festgehalten werden. Die Reize der Statistik, so gibt er allerdings zu, erschließen sich erst auf den zweiten Blick. Eigentlich wollte er mit der Mathematik ja weitermachen, aber dieser Plan wurde durchkreuzt, weil er schon im Alter von 30 Jahren eine Stelle als Professor an der Regensburger Universität angeboten bekam. Der Anfang im Jahre 1970 sei sehr hart gewesen. Im Nachhinein hätte Schaich es besser gefunden, wenn sein Unistart langsamer verlaufen wäre.

Wirtschaftswissenschaften haben gegenüber vielen anderen Fächern einen großen Vorteil. Sie sind vielseitig verwendbar: Man kann als Wirtschaftswissenschaftler bei einer der Banken oder in jedem nur denkbaren Unternehmen arbeiten, auf dem Platz des obersten Managers oder des kleinen Angestellten. Man kann auch selber eine Firma gründen, an der Börse mit Aktien handeln oder in einem Unternehmen im Ausland arbeiten. Dann allerdings wäre es gut, man hätte auch noch Chinesisch, Russisch oder Portugiesisch, Kisuaheli oder eine andere Sprache dazugelernt. Das kann ohnehin nie schaden.

Seit einigen Jahren ist Eberhard Schaich deutlich weniger mit seiner Wissenschaft beschäftigt, denn er wurde vom Senat der Tübinger Universität zum Rektor gewählt. Der Arbeitstag eines Rektors besteht aus vielen Sitzungen, oft stundenlangen Gesprächen – mit Professoren, Wirtschaftsvertretern, mit Politikern, kurz: mit vielen wichtigen Leuten. Für Vorlesungen hat der Rektor nur hin und wieder mal Zeit, ganz lässt er sich das jedoch nicht nehmen.

Universitätssprache

Der Assistent

Der Assistent trägt seinen eigenen Doktortitel, aber er oder sie ist trotzdem Assistent, also die rechte Hand des Professors. Der Assistent erledigt viele Aufgaben für den Professor. Er liest Arbeiten von Studenten und Doktoranden, er bietet Seminare an, aber er muss aufpassen, dass er seine eigenen Ziele nicht aus den Augen verliert, denn schließlich ist seine Stelle befristet, und er muss auch einmal mit seiner Habilitations-Schrift fertig werden, damit aus ihm ebenfalls ein Professor wird.

Die Berufung

Auf »ordentliche« Professorenstellen, die so genannten C 4-Professuren, wird man an Universitäten »berufen«. Das heißt, dass sich eine Kommission von Fachleuten landauf, landab geeignete Kandidaten anschaut und am Ende eine Liste mit drei Favoriten aufstellt, die noch vom Senat der Universität und vom Wissenschaftsminister genehmigt werden muss. Auf der Liste befinden sich meistens Wissenschaftler, die sich auf die Stelle auch beworben haben, manchmal aber auch Kandidaten, die die Universität gerne hätte und denen sie deshalb einen »Ruf« erteilt.

DER DOKTOR H.C.

Manche strampeln sich für den Doktortitel ab, andere bekommen ihn auch ohne Doktorarbeit verliehen. »Honoris causa«, also »ehrenhalber«, geschieht das, und es erscheint als Dr. h.c. vor dem Namen. Die Fakultäten verleihen die Ehrendoktor-Würden an Männer oder Frauen, die sie für besondere wissenschaftliche oder gesellschaftliche Leistungen ehren wollen. Wenn die Universität Glück hat, setzen sich die Geehrten hinterher besonders für die jeweilige Uni oder das Fach ein.

Der Doktor

Man denkt dabei fast automatisch an einen Arzt. Die meisten Mediziner haben ja auch einen Doktor, aber »seinen Doktor« kann man in jedem Fach oder jeder Fakultät machen. Ohne Doktor ist man an der Universität nackt und darf nur ausnahmsweise mal etwas lehren. Doktor wird man, indem man eine Doktorarbeit schreibt und ein mündliches »Rigorosum« (das bedeutet »strenge Prüfung«) ablegt. Dabei wird dem werdenden Doktor von Fachkollegen auf den Zahn gefühlt. Für die Doktorarbeit (Dissertation) gibt es vier Noten, die beste ist »summa cum laude« (eine Eins), die schlechteste »rite« (eine Vier). Anders als eine Magisterarbeit muss eine Doktorarbeit veröffentlicht werden, damit andere Wissenschaftler sie nutzen können.

Die Emeritierung

Auch Professoren treten einmal in den Ruhestand. Andere heißen dann Rentner oder Pensionäre, der ordentliche Professor jedoch wird mit 65 Jahren zum Emeritus. Er wird also emeritiert, bekommt von nun an Rente auf Lateinisch. Emeritus kommt nämlich aus dem Lateinischen und heißt wörtlich übersetzt: »ausgedient«. Das klingt ja nicht sehr freundlich, fast wie »abgeschoben«. Aber genau das wird der Professor gerade nicht. Wenn der Professor von den Pflichten der Lehre befreit ist, also keine Studenten mehr unterrichtet oder Prüfungen abnimmt, dann kann er seiner Wissenschaft oft viel mehr Zeit widmen.

Die Fakultät

Schule ist Schule, da finden sich alle Fächer unter einem Dach. An der Uni ist das anders. Hier gibt es Fakultäten (von »facultas« »Fertigkeit in einem Wissenszweig« oder einfach nur »Wissenszweig«). Die Fakultäten bestehen aus Fächern, die sich thematisch nahe stehen. Da sie früher häufig in einem Gebäude untergebracht waren, kann auch ein Gebäude Fakultät heißen. Manche Wissenschaften sind so alt oder so umfassend, dass sie eine eigene Fakultät bilden, zum Beispiel die Juristen oder die Theologen oder die Mediziner. Andere Fächer werden zu einer Fakultät gebündelt, zum Beispiel die neueren Sprachen, die Sozialwissenschaften oder die Kulturwissenschaften.

Der Handapparat

Beim Wort Handapparat denken viele neue Studenten erst einmal an Rasierapparat oder so etwas Ähnliches. Tatsächlich ist der Handapparat in der Universität eine Büchersammlung. Ein Professor stellt sie für seine Vorlesungen und Seminare zusammen, damit sich die Studenten auf die Stunden vorbereiten können. Manchmal machen sie das auch.

Der Hiwi

Es klingt wie ein komischer Vogel oder eine exotische Frucht. Doch der Name entstand aus einer Abkürzung, die auch noch verdreht wurde. Richtig müsste es nämlich WiHi heißen, denn in voller Länge bedeutet Hiwi »wissenschaftliche Hilfskraft«. Vermutlich rührt der Hiwi daher, dass es einmal »hilfswissenschaftlicher Assistent« hieß, aber genau weiß man das nicht. »Mein Hiwi« klingt immer etwas nach Kommando-Empfänger, Leibeigener oder Kofferträger. Der Hiwi ist allerdings auf der universitären Karriereleiter schon mindestens eine Sprosse über dem Normalstudenten. Er oder sie kopiert für den Professor Texte, stellt Literaturlisten für Seminare zusammen und macht sich möglichst unentbehrlich.

DAS KLOPFEN

Im Theater oder im Konzert klatscht das Publikum, wenn die Vorführung zu Ende ist. In der Universität klopfen die Studenten nach der Vorlesung des Professors auf die Bänke. Was heute als freundlicher Applaus gemeint ist (oft allerdings ziemlich müde klingt), war ursprünglich eine besonders gemeine Form der Kritik. Angeblich waren es Mönche, die an der Pariser Universität Sorbonne als Erste das Klopfen einführten, und zwar, um bei einem akademischen Streit ihre Gegner zu stören. Auch nationalsozialistisch gesinnte Studenten störten auf diese Weise noch die Vorlesungen von linken oder jüdischen Professoren.

DER PEDELL

Als oberster Hausmeister der Universität besitzt der Pedell die Schlüssel zu allen Räumen, er teilt die Räume für die Lehrveranstaltungen zu, oder die Parkmarken für die universitären Parkplätze. Der Pedell ist für die Technik in den Hörsälen verantwortlich und für die Einhaltung der Ordnung. Er passt auf, dass die Vorlesungen nicht überfüllt sind, dass die Universität pünktlich schließt und in den Hörsälen nicht geraucht oder gegessen wird. Früher hatte der Pedell sogar eine eigene Amtstracht und trug bei Umzügen das Universitätszepter vor dem Rektor her.

Der Kommilitone

»Liebe Kommilitoninnen und Kommilitonen«, so werden Studentinnen und Studenten von Studentinnen und Studenten manchmal angesprochen. Die direkte Übersetzung würde zu »Waffenbrüdern«, also auch »Waffenschwestern« führen, aber da außer einem scharfen Verstand keine Waffen an der Uni mitgeführt werden sollten, lassen wir die Kommilitonen doch lieber als »Mitstudenten« auftreten.

Der Magister

Wer alle Prüfungen an der Universität besteht und eine Abschlussarbeit schreibt, bekommt zum Schluss einen Titel verliehen, den Magister. Wie viele wichtige Dinge an der Universität kommt auch der Titel aus dem Lateinischen. Als Magister (das heißt übersetzt »Meister«) durfte man in den Anfangszeiten der Universitäten die so genannten freien Künste lehren: Grammatik, Rhetorik und Logik sowie Arithmetik, Musik, Geometrie und Astronomie. Auch wenn wir heute das Wort Künste für diese Wissenschaften nicht mehr verwenden, heißen die Magister weiterhin »Meister der Künste«, auf Lateinisch: Magister Artium. Abgekürzt wird daraus der Titel »M.A.«, den manche Menschen wie einen Doktortitel zu ihrem Namen setzen. Außer dem Magister gibt es noch andere Studienabschlüsse wie das »Diplom« in den Ingenieurs- und Naturwissenschaften und das »Staatsexamen« für Lehrer. Neuerdings kommt auch der Bachelor oder Bakkalaureus wieder in Mode, ein Titel, für den man etwas weniger lang studieren muss als für den Magister.

Die Mensa

In der Frühzeit der Universität lebten Studenten und Professoren sehr eng beisammen. Die Studenten lernten nicht nur bei ihren Professoren, sondern wohnten und aßen bei ihnen und bezahlten dafür Geld. Als die Zahl der Studenten im 19. Jahrhundert zunahm, richteten die Universitäten allmählich Wohnheime für ihre Studenten ein und gründeten Mensen. Darin konnten sich die Studenten billig ernähren. Mensen sind sehr sinnvoll, weil viele Studenten weder Geld noch Zeit zum Kochen haben. Außerdem ist nicht alles essbar, was Studenten kochen.

Der Professor

Professoren sind an der Universität für die Lehre und die Forschung verantwortlich. Sie werden zwar von den Bundesländern bezahlt und können vom Wissenschaftsminister entlassen werden, wenn sie beispielsweise aus der zoologischen Sammlung ausgestopfte Krokodile klauen, doch niemand kann ihnen vorschreiben, was sie erforschen und was sie ihren Studenten beibringen sollen. Das unterscheidet sie von Lehrern. Allerdings müssen sie heutzutage für ihre Forschungen auch Geld auftreiben und ihre Arbeit mit den Kollegen absprechen. Um Professor zu werden, sollte man eine sehr gute Doktorarbeit schreiben und danach noch eine weitere große Arbeit, die Habilitation. Nach der Habilitation kann man sich bei Universitäten auf freie Professorenstellen bewerben und wird berufen. Die höchsten und bestbezahlten Professoren sind die C 4-Professoren.

Das Referat

Ursprünglich hörten die Studenten an der Universität ihren Professoren nur zu und lernten wichtige Dinge auswendig. Erst seit der Zeit der Aufklärung durften die Studenten an der Universität auch selbst aktiv werden und Referate halten. Referate sind kleine Vorträge über ein Thema. In vielen Seminaren ist es üblich, dass die Studenten einmal im Halbjahr ein Referat zu einem Thema halten, das zu Anfang des Seminars festgelegt wird. Zum gleichen Thema schreiben sie auch eine Hausarbeit und bekommen am Ende einen »Schein«, eine Art Zeugnis mit einer Note.

Der Rektor

Der Rektor leitet die Universität und vertritt sie nach außen, gegenüber der Politik, der Wirtschaft oder den Medien. Der Rektor hat eine Menge Aufgaben. Er muss zum Beispiel aufpassen, dass die Fakultäten ihre Aufgaben ordentlich erledigen, und ermahnt sie, wenn es nötig ist. Er leitet das oberste Verwaltungsgremium der Universität, den Senat, und bestimmt mit, welche Wissenschaftsbereiche ausgebaut werden sollen, welche Professoren eingestellt werden und wie viel Geld, Personal und Räume sie bekommen. Gewählt wird der Rektor in der Regel für vier Jahre vom Senat, in dem die Professoren die Mehrheit haben. Manche Universitäten werden auch von einem Präsidenten geleitet, der, anders als der Rektor, kein Professor sein muss.

Das Semester

Nicht die Jahre zählen an der Uni, sondern die Semester. Keine Frage, auch das kommt aus dem Lateinischen von »semestris« oder »sechs Monate«. Ein Jahr besteht also aus zwei Semestern.

DER LEHRSTUHL

Schon in der Akademie des Philosophen Platon hat es angeblich einen Lehrstuhl gegeben. Platon saß darauf, um seine Studenten zu unterrichten. Als die ersten Universitäten gegründet wurden, stand in den Hörsälen ebenfalls ein leicht erhöhter Holzstuhl, auf dem die Professoren bei ihren Vorlesungen Platz nahmen. Zwar wurde dieser Stuhl im Lauf der Zeit wieder abgeschafft, doch blieb das Wort erhalten. »Ordentliche« Professoren hatten einen Lehrstuhl inne, »außerordentliche« nicht.

DIE FUSSNOTE

In den meisten wissenschaftlichen Büchern finden sich unten auf den Seiten (also an ihrem »Fuß«) kleine Hinweise auf Bücher, die der Autor oder die Autorin verwendet haben. Diese Literaturangaben verraten den neugierigen Lesern, wo sie Dinge nachlesen können, die im Buch zitiert wurden. Manchmal finden sich in den Fußnoten auch längere Überlegungen. »Seitengedanken« nennt man diese Überlegungen, in denen die Autoren zum Beispiel sehr gewagte neuartige Theorien über die Begattung von Vogelspinnen entwickeln. Oder sie verraten den Lesern, warum ein bestimmter anderer Wissenschaftler eine ganz und gar falsche Theorie zur Begattung von Vogelspinnen vertritt.

Zwischen den Semestern sind immer lange Ferienzeiten, in denen der Student ganz nach Belieben oder Bedarf lernen oder Geld verdienen kann. Wenn man die Ferien zu sehr und die Semester zu wenig nutzt, kann es passieren, dass man ein Langzeitstudent wird und so viele Semester auf seinem Buckel sammelt, dass die Uni einen sogar hinauswirft. In der Regel sollte man an der Uni seine Prüfungen nach acht bis zehn Semestern ablegen.

Das Seminar

Studenten lernen ihre Fächer nicht wie Schüler in einer Klasse, sondern in Seminaren und Vorlesungen. Im Seminar können sie anders als in einer Vorlesung selbst aktiv werden, diskutieren oder Referate halten. Jedes Seminar hat ein Thema, wird von einem Professor oder einem seiner Assistenten geleitet und dauert das ganze Semester über. Oft nennen sich auch die Universitäts-Institute, an denen ein bestimmtes Fach gelehrt wird, Seminare. So gibt es etwa an einer Neuphilologischen Fakultät ein Romanisches Seminar, in dem sich die Wissenschaftler mit Sprache und Literatur aus Italien, Spanien oder Frankreich beschäftigen. Das Wort Seminar leitet sich vom lateinischen Wort »semen« her, was »Samen« bedeutet. Ursprünglich war das Seminar also eine Pflanzschule.

Der Senat

In Deutschland und in vielen anderen Ländern dürfen sich die Universitäten weitgehend selbst verwalten. Sie beschließen zum Beispiel, welche Forschungen wichtig für die Zukunft sind und ausgebaut werden sollen, welche Professoren berufen werden und wie das Geld verteilt wird. Zuständig dafür ist der Senat, eine Art Parlament der Universität, in dem hauptsächlich Professoren, aber auch Studenten, wissenschaftliche und nichtwissenschaftliche Mitarbeiter vertreten sind. Der Senat wird von allen Mitgliedern der Universität gewählt.

Das Stipendium

»Sie bekommt ein Stipendium!« Hut ab, diese Studentin oder Doktorandin hat es geschafft, ihren Lebensunterhalt für ein oder zwei Jahre durch besondere Leistungen zu sichern. Die meisten Studenten bekommen ihr Studium von den Eltern bezahlt oder finanzieren sich halb über die Eltern und halb durch Jobs. Oder sie erhalten Bafög, das ist eine Beihilfe nach dem Bundesausbildungsförderungs-Gesetz für Studenten, die von Haus aus nicht genug Geld haben, sich ein Studium zu leisten. Es gibt aber auch private und öffentliche Stiftungen für besonders begabte Wissenschaftler, die etwa in ihrer Doktorarbeit ein Thema verfolgen, das die Stiftung besonders interessiert.

Das Studienbuch
Das Studienbuch ist das wertvollste Papier des Studenten. Der Studentenausweis erlaubt ermäßigten Eintritt in Zoos, Museen oder Theater, das Studienbuch aber ist die Voraussetzung für die Prüfung. Ins Studienbuch werden die »Scheine« eingeheftet, das sind die Nachweise über die Seminarbesuche, Referate und Hausarbeiten im Leben des Studenten und auch die Veranstaltungen, die er »belegt« hat. Und wenn der Student bei den Einträgen nicht aufpasst, kann es hinterher sein, dass er wegen eines fehlenden Statistik-Seminars ein Semester dranhängen muss.

Die Vorlesung
Wenn Studenten etwas lernen wollen, gehen sie in Vorlesungen. Vorlesungen gehören zur Universität wie Fußballspiele zur Bundesliga, und genau wie Fußballspiele sind sie manchmal spannend und manchmal langweilig. Unter Vorlesung versteht man erstens die einzelne Veranstaltung, die jeweils eineinhalb Stunden dauert und jede Woche zur gleichen Zeit (c.t.) beginnt. Und zweitens versteht man unter Vorlesung die gesamte Vortragsreihe, die meistens ein Semester dauert, im »Vorlesungsverzeichnis« der Universität aufgeführt ist und immer ein bestimmtes Thema hat, das der Professor im Lauf des Semesters entwickelt. Manche Professoren lesen in ihren Vorlesungen den Studenten tatsächlich nur vor, was sie zu Hause aufgeschrieben haben, andere sprechen frei. Die Studenten hören mehr oder weniger interessiert zu, machen sich Notizen, und zum Schluss klopfen sie auf die Bänke.

Das Zitat
Wenn in einem Buch oder einem Aufsatz wörtlich wiedergegeben wird, was jemand gesagt oder geschrieben hat, dann nennt man dies ein Zitat. Zitate erkennt man daran, dass sie in Anführungszeichen stehen. In wissenschaftlichen Texten steht hinter den Zitaten meistens noch eine kleine Zahl. Sie verweist auf die Fußnote, in der genau angegeben wird, woher das Zitat kommt und wo man es nachschlagen kann. Wie man richtig zitiert, lernen Studenten schon im ersten Semester. In den folgenden Semestern lernen sie dann, dass es nicht schadet, gelegentlich den eigenen Professor zu zitieren.

DAS CUM TEMPORE (C.T.)
Ohne diese Zugabe geht an der Uni nichts. Die Vorlesung über »die Begattung der Vogelspinnen« soll um 9 Uhr beginnen, aber zur vereinbarten vollen Stunde ist weder der Professor noch ein Student in Sicht. Sie wissen, dass an der Uni immer das c.t. mitgedacht werden muss. C.t. ist die Abkürzung für das lateinische »cum tempore«, also »mit Zeit«. Das Gegenteil ist s.t. »sine tempore«, »ohne Zeit«. Statt von c.t. spricht man auch von der akademischen Viertelstunde. Das Viertel kommt eher daher, dass die Studenten früher einmal weite Wege von einer Vorlesung zur nächsten zurücklegen mussten und die Professoren in ihren Vorträgen kein Ende finden konnten. Das c.t. gibt es übrigens nur an deutschsprachigen Unis. In anderen Ländern würde man c. t. einfach mit »zu spät« übersetzen.

Die **Kinder-Uni** entstand aus einer gemeinsamen
Initiative des Schwäbischen Tagblatts und der
Eberhard Karls Universität Tübingen.

4. Auflage 2003
© 2003 Deutsche Verlags-Anstalt, Stuttgart/München
Lektorat: Ingke Brodersen und Rüdiger Dammann
Gestaltung: Friederike Schirge
Reproduktionen: Repro Ludwig, Zell am See
Alle Rechte vorbehalten
Druck: Jütte-Messedruck GmbH, Leipzig
Bindung: Kunst- und Verlagsbuchbinderei GmbH, Leipzig
Printed in Germany
ISBN 3-421-05695-1